e스포츠와
PWCC
PLAY WATCH CREATE CONSUME

e스포츠와
PWCC
PLAY WATCH CREATE CONSUME

초판 1쇄 발행 2022년 7월 15일

지은이 최은경
펴낸이 이새하
편집팀 이혁진, 최한별
디자인 허윤정

펴낸곳 PWCC
이메일 pwccbooks@gmail.com
전화번호 070-8805-7770
출판등록 2022년 6월 15일 제2022-000192호

ⓒ최은경 (저작권자와 맺은 특약에 따라 검인을 생략합니다.)

ISBN 979-11-979234-0-1 (93300)
이 책은 저작권법에 따라 보호받는 저작물이므로 무단전재와 무단복재를 금지하며
이 책 내용의 전부 또는 일부를 이용하려면 반드시 저작권자와 PWCC의 서면동의를 받아야 합니다.

이 책은 '2020년 한국방송학회-GS SHOP 방송/영상 분야 저술 출판 지원'에 의해 수행되었음

e스포츠와

PWCC

PLAY WATCH CREATE CONSUME

PLAY

WATCH CREATE

CONSUME

e스포츠 시대, e스포츠 세대 이해하기

최은경 지음

GREETING
e스포츠 세대에게

보고 듣고 만질 수 있는 것이야말로 존재하는 것이리라 생각했던 시절이 있었습니다. 직접 경험하기 전에는 추상적이고 관념적이며 형태가 모호한 것을 인정하기 힘들어 했던 것 같습니다. 저는 PC방에서 친구들과 게임을 즐기던 세대도 아니고, 프로게이머를 지망한 적도, 게임을 하기 위해 온라인에서 친구를 기다린 적도 없습니다. 그런데 제가 e스포츠 연구자가 되다니 스스로도 믿기 힘들었습니다. 어디서부터 보고 듣고 만져야 할지 모르는 e스포츠를 제대로 이해할 수 있을지 걱정이 앞섰습니다.

그러던 어느날 여러분이 제 스승이라는 것을 깨달았습니다. 매일 캠퍼스에서 만나고 있는 여러분이 바로 e스포츠를 잘 알고 먼저 경험한 선배였기 때문입니다. 제가 만난 여러분은 누구보다 세상의 변화에 민감하고 솔직하며 대담합니다. 인지할 수도 없을 찰나에도 이미 상황을 판단하고 결정을 내리면서 강한 집중력을 발휘할 줄 아는 여러분이 바로 e스포츠 세대입니다. 여러분은 다양한 게임을 플레이(play)하고, 원한다면 언제 어디서든 시청(watch)하고, 스스로 원하는 콘텐츠를 생산(create)하며, 원하는 것을 주체적으로 소비(consume)하는데 익숙합니다. 또한 서로 보고 듣고 만질 수 없는 메타버스에서도 교감하며 소통하는 문화에 친숙합니다. 여러분이 제게 보여준 e스포츠의 시대가 궁금한 이유도 여기 있습니다. 이 책은 평소 e스포츠라는 새로운 분야를 연구하면서 얻은 단상들을 모아 엮은 것입니다. e스포츠라는 망망대해를 항해하시다 발견한 작은 등불 정도로 활용해 주시면 충분할 것 같습니다.

감사합니다.

한신대학교에서 최은경 드림

CONTENTS

GREETING	e스포츠 세대에게	05
INTRO	e스포츠 시대, e스포츠 세대를 말하다.	08

QUESTION · e스포츠는 스포츠인가?

컨디션스 CONDITIONS	17
뉴 스피시즈 NEW SPECIES	19
리매디에이션 REMEDIATION	23
포텐셜 POTENTIAL	25

PLAY · 방송, e스포츠의 시대를 열다

얼리게이머 EARLY-GAMER	33
게임스포츠 GAME SPORTS	35

WATCH · 플랫폼, e스포츠를 전파하다

e프로슈머의 탄생 BIRTH OF EPROSUMER	51
영광의 시대 ERA OF GLORY	53
러닝 자이언트 RUNNING GIANT	59
위너 트위치 WINNER TWITCH	66

CREATE · e스포츠인, 스스로 방송하다

피플 PEOPLE	81
방송인들 BROADCASTERS	83
비제이, 유튜버, 스트리머 BJ, YOUTUBER, STREAMER	85
인플루언서 INFLUENCER	90

CONSUME · e스포츠, 비즈니스를 하다

컨슈머리즘 CONSUMERIZM	101
커머디피케이션 COMMODIFICATION	105
마케팅 케이스 MARKETING CASES	108

NEXT QUESTIONS · 왜 e스포츠인가?

교육 혁명? EDUCATION REVOLTION?	121
뉴 잡? NEW PROFESSIONALS?	139
미래제언! FOR FUTURE!	143

INTRO
e스포츠 시대, e스포츠 세대를 말하다.

2017년 닐슨코리아의 닐슨스포츠가 발표한 우리나라 사람들의 관심 스포츠 종목 순위 조사 결과에 따르면, 관심 있는 스포츠로 야구를 꼽은 응답자가 가장 많았으며, 뒤를 이어 축구, 골프, 수영, 농구 순으로 나타났다. 반면, 30대 이하 젊은 세대(15~29세)가 가장 관심 있는 스포츠 종목으로는 축구, 야구, e스포츠, 배드민턴, 농구 순으로 높게 나타났다. 이는 온라인 활용이 익숙한 밀레니얼 세대가 접근성이 좋고, 언제 어디서나 참여하거나 관람할 수 있는 e스포츠를 선호함을 보여준다(조희찬. 2017.07.06).

2020년 기준, 국내 e스포츠 산업 규모는 1,204.1억 원을 기록했다. 코로나19로 인한 타격이 있음에도 불구하고 2015년 722.9억 원과 비교하면 66.6%라는 폭발적인 성장률을 보여준 것이다. 세계 e스포츠 산업 규모가 가장 컸던 2019년, 글로벌 사업 규모 대비 우리나라 e스포츠 산업의 비중은 16.5%로, 세계 게임 시장 점유율 4위 국가답게 e스포츠에서도 많은 비중을 차지하고 있다. 이는 e스포츠가 하나의 산업으로 향후 계속 발전해 나갈 잠재적 가능성이 무한하다는 것을 말해 준다(최은경. 2022).

e스포츠의 성장세가 이어진 덕분인지 국제올림픽위원회는 올림픽 아젠다 2020+5[1]를 통해 e스포츠를 포함한 가상 스포츠 개발과 비디오 게임 교류 확대를 논의했다. e스포츠의 접근성이 높아지리라는 기대 속에서 e스포츠 영역의 제도적 장치 마련을 요구하는 목소리도 높아졌다. 국내에서도 e스포츠의 체육종목화가 속도를 냈다. 2021년 12월 27일, 대한체육회는 한국e스포츠협

회를 준회원으로 승인했고, 2022년 2월 11일, 대한장애인체육회는 대한장애인e스포츠연맹을 준가맹단체로 승인했다. 마침내 e스포츠는 장애인 및 비장애인을 아우르는 체육 분야의 정식종목이 된 것이다. 높아진 e스포츠의 위상을 말해주듯 2018년 자카르타-팔렘방 아시안게임 시범종목에 이어, 코로나19로 1년 연기된 2022년 중국 항저우 아시안게임에도 정식종목으로 채택되었다. 물론 e스포츠가 정식종목으로 인정받기 위해서는 현실적으로 해결해야 할 것이 많다. 하지만 e스포츠의 역사는 이미 시작됐고 현재를 빠르게 흡수하며 성장하고 있다.

이 책은 e스포츠 시대에 e스포츠 세대가 알아야 할 e스포츠의 네가지 특성을 중심으로 e스포츠를 소개했다. 나아가 e스포츠의 교육, 직업, 기술에 관한 관심을 추가로 담고 있다. 스트리트파이터를 플레이(play)하던 오락실 세대는 케이블 방송에서 스타크래프트를 중계하며 시청(watch)할 수 있는 게임 콘텐츠 이용자들을 응집시켜 e스포츠를 성장시켰다. 인터넷 동영상 공유 플랫폼이 급성장하면서 BJ, 스트리머, 유튜버는 직접 플레이하거나 관람하며 중계하는 영상을 제작(create)하고 있다. 21세기 e스포츠 팬과 게임 유저들은 온라인 플랫폼에서 실시간 라이브 영상을 소비(consume)하는 것이 일상이다 보니, e스포츠 산업은 다양한 디지털 기술과 미디어가 접목되어 창의적 마케팅을 시도하고 있다. 결국 e스포츠가 미래 산업에 어떤 기술과 가능성을 보여 줄 수 있을 것인가는 우리가 얼마나 e스포츠에 관심을 갖느냐에 달려있다. 이 책을 통해 e스포츠의 미래를 교육, 직업, 미래 기술이라는 관점에서 전망해 보았다.

1 IOC는 2021년 3월 '올림픽 어젠다 2020+5'를 승인했는데, 이 개혁안에는 IOC의 디지털화, e스포츠 수용, 선수들의 권리 및 책임 강화, 깨끗한 스포츠 활성화, 올림픽의 지속성 및 고유성 강화 등 15개 권고안이 있다(임은진. 2021.03.13).

읽을거리, 볼거리

❶ 김상균. 2021. 「게임 인류 : 메타버스 시대, 게임 지능을 장착하라」 몽스북

❷ 스포츠경향. "e스포츠는 외계인이며 이단아"....
e스포츠 전문가 최은경 교수가 제시한 발전 방안. 2022.04.24

참고자료

임은진. IOC, 새 개혁안 '올림픽 어젠다 2020+5' 승인. 연합뉴스. 2021.03.13
조희찬. 한국인이 좋아하는 스포츠는 야구와 축구…3위는 골프. 이데일리. 2017.07.06
최은경. e스포츠, 체육종목화 이후 남은 과제는? 서울스포츠. 서울특별시체육회. No.378. 2022년 7+8월호

메모하기

메모하기

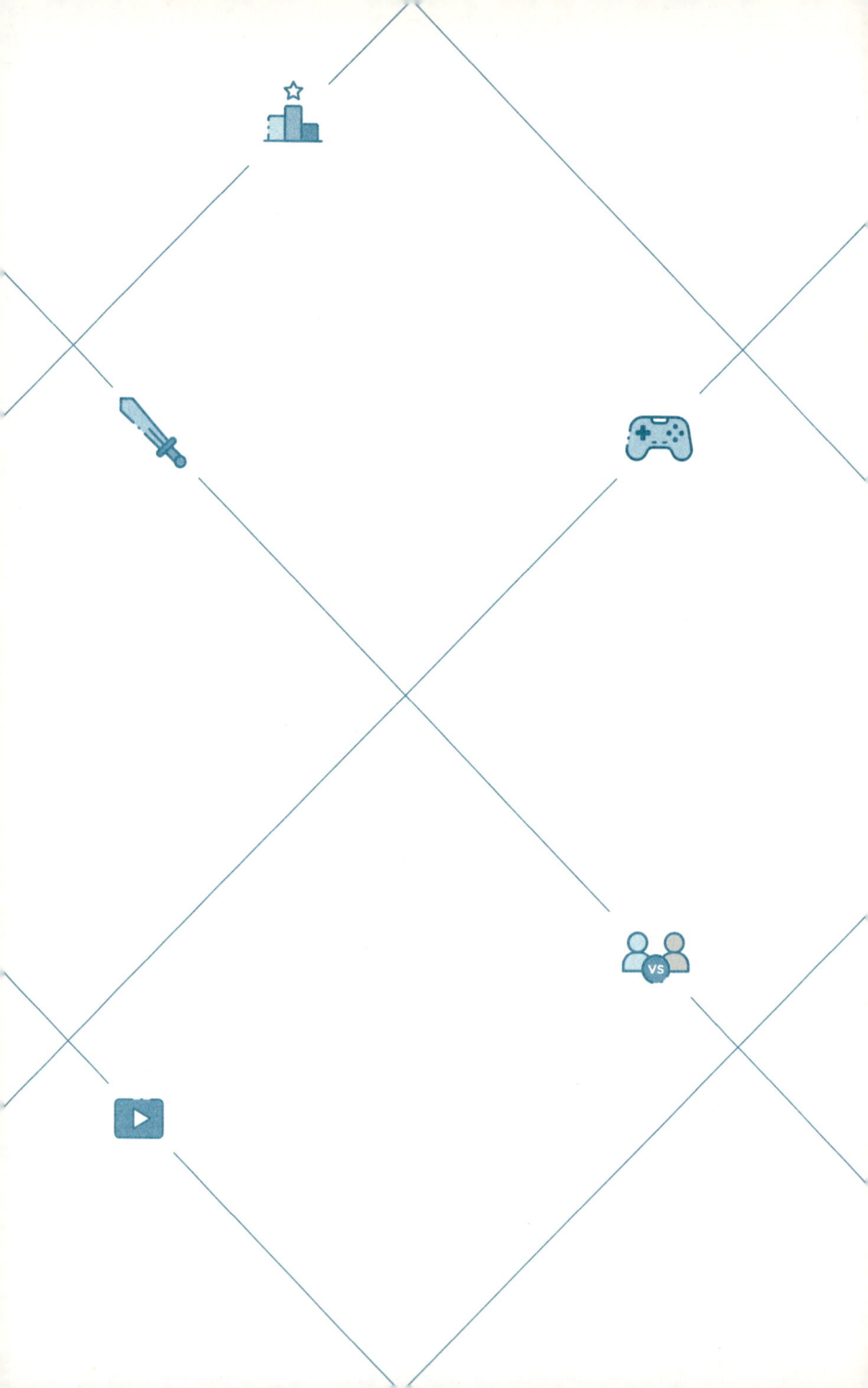

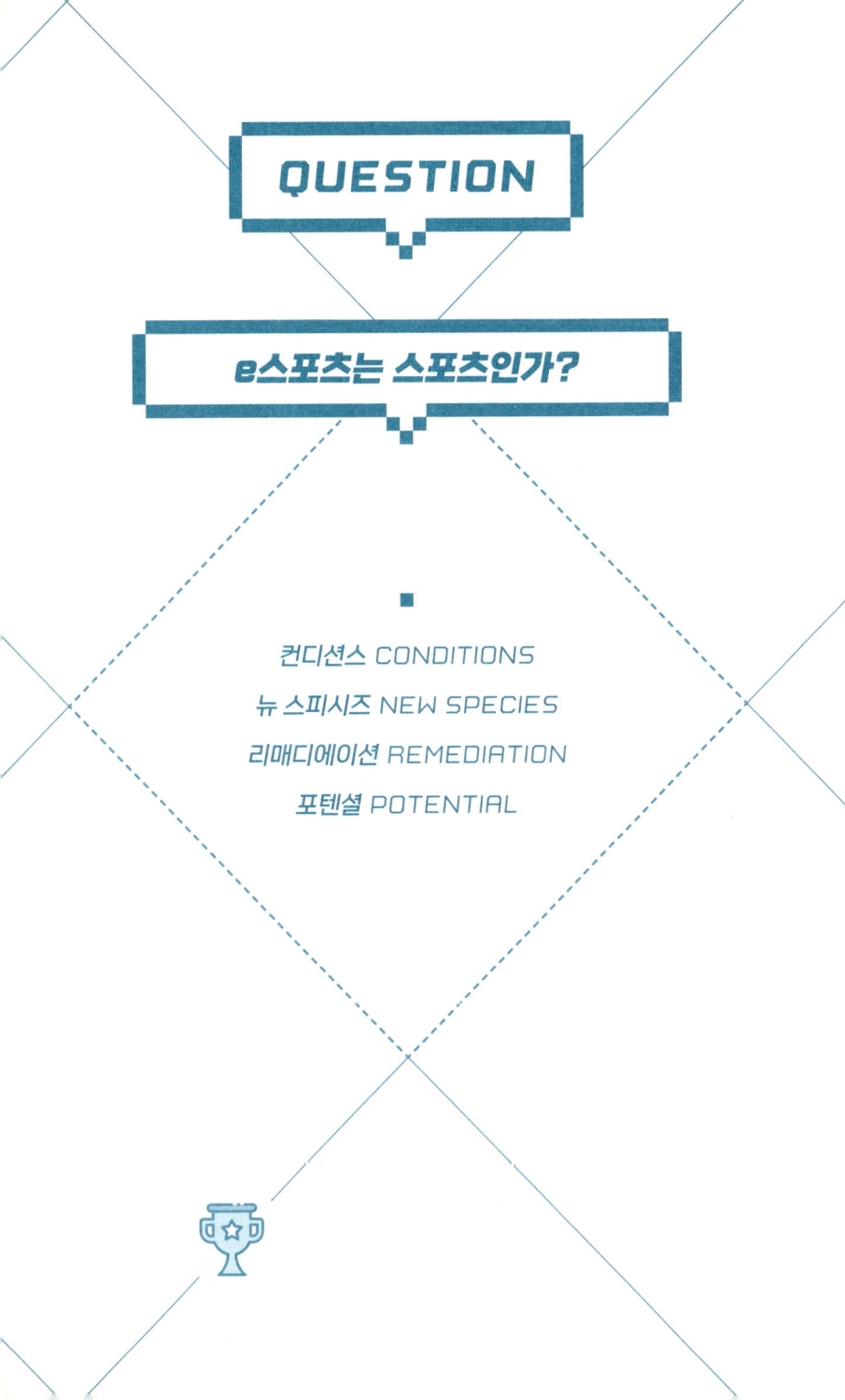

컨디션스 CONDITIONS

e스포츠는 스포츠일까, 게임일까? 2012년 제정된 「e스포츠 진흥에 관한 법률(약칭 e스포츠법)」에 따르면 e스포츠는 "게임물을 매개로 사람과 사람 간에 기록 또는 승부를 겨루는 경기 또는 부대활동"을 말한다. 즉 e스포츠는 게임물이 필요하고, 경기 활동을 하는 사람이 있어야 한다.

현대사회 스포츠의 개념을 연구한 슈츠(Suits, 1978; 2018)는 스포츠의 조건에는 규칙이 있는 게임이 필요하다고 주장한다. 그리고 허용되는 수단을 효율적으로 사용하는 규칙을 갖춘 게임이 기술(skill), 신체성(physical skill), 폭넓은 지지자들(wide following), 안정성(stability)을 충족할 때 비로소 스포츠라고 정의했다. 특히 게임은 신체활동으로 구성된 기술이 필요하며, 지지자들이 있어 지속가능할 때 스포츠가 된다는 것이다. 하지만 마이어(Meier, 1988)는 모든 스포츠가 제도화된 것은 아니며, 관습과 전통과 같은 규제적 측면은 스포츠 본질에 부수적인 것이라는 관점에서 스포츠에서 제도화를 필수적 요소로 보는 것을 비판했다.

구트만(Guttmann, 1978)은 현대적 스포츠를 설명하기 위해 세속주의(secularization), 공정성(equality), 전문화(specialization), 합리화(rationalization), 관료주의적 조직화(bureaucratization), 수량화(quantification) 그리고 기록 추구(quest for records)라는 7가지 개념을 주장했는데, 그중에서도 스포츠는 경쟁 규칙이 필요하다고 강조했다. 짐 패리(Jim Parry, 2019)는 스포츠를 인간의 활동, 신체 활동, 신체적 기술, 경생, 규칙 그리고 제도화라는 6가지 요소로 정의했는데, 이것은 현대 스포츠를 정의하는

척도가 되기도 한다(박성주. 2021. 28-30쪽).

하지만 시대에 따라 스포츠가 세분화되고 다양해지면서 스포츠의 개념과 전제조건은 확장 혹은 축소됐다. 인간이 경쟁하기 위한 다양한 기술을 개발하는 것은 새로운 스포츠를 만들어 함께 즐기고자 하는 본능에서 출발한다. 그렇기에 e스포츠의 본질과 스포츠의 본질은 다르지 않다. e스포츠는 현대사회를 대표하는 디지털 영상과 컴퓨터 기술로 만들어진 게임물이 있고, 각 게임물의 장르에 따라 주어진 복잡하고 정교한 규칙을 통해 이루어지는 사람 간 대결이다. e스포츠는 이러한 게임의 행위와 규칙을 통해 스포츠의 가능성을 증명했고, 성장시켰다. 다만 e스포츠는 이전 세대나 사회가 경험하지 못한 새로운 게임물과 새로운 규칙들 그리고 새로운 대결 방식을 제시함으로써 전통적인 스포츠들과 구별된다. 따라서 e스포츠가 현대 스포츠에 부합하는지 혹은 현대 스포츠의 조건을 갖추고 있는지, 어떻게 개념화하고 분류해야 하는지 논의하기 위해서는 e스포츠가 어떤 게임물로 어떻게 플레이하는지부터 이해해야 한다(최은경. 2022. 1쪽).

뉴 스피시즈 NEW SPECIES

국내 체육학계에서 흔히 혼용되는 '체육'과 '스포츠'의 차이는 무엇일까. 은유적이고 철학적이며 애매모호하면서도 관행적으로 오랫동안 사용된 두 단어의 개념을 학술적으로 탐구한 사례가 있는데, 그 연구 방법과 결과가 흥미롭다. 통시적 방법과 체험적 묘사 및 분석을 인식하는 현상학적 방법을 이용해 두 개념을 논의한 신현규(2006)에 따르면, 체육(physical education)은 19세기 중반에 등장해 '신체의 교육', 또는 '신체를 통한 교육'이란 개념으로 신체 활동을 통해 다양한 체력을 기르는 데 목적을 두었다.[2] 반면, 스포츠(Sport)는 1970년대 등장한 '놀이교육(play education)' 개념이 '스포츠교육(Sport Education)'으로 발전되면서 종목을 의미하는 좁은 의미의 스포츠(Sports)보다 넓은 개념을 갖게 되었다.

체육과 스포츠를 역사적인 맥락에서 통시적으로 접근하여 비교해 보면 다음과 같은 차이점이 드러난다. 예컨대, 체육을 일찍 도입한 미국은 교육 목적에 부합하기 위해 그 개념을 수정했고, 우리나라는 구한말 일제 강점기에 체육을 신체 교육이란 개념으로 사용하다 광복 이후 미국의 진보주의 체육 사상에 영향을 받으면서 '신체를 통한 교육'이란 개념으로 사용했다.[3]

한편 20세기 초, 영국은 미국적 개념의 체육보다 휴먼 무브먼트(Human Movement)라는 철학 사상을 확산시켰는데, 이후 '움직임 교육(Movement education)'으로 발전시켜 체육의 교육적 용어와 개념을 대체시켰다.[4] 최근 우리 체육학계에서도 체육교육이란 용어와 개념이 스포츠교육(Sport Education)으로 대체되는 현상과 징후를 쉽게 찾아볼 수 있다.

현대 사회에서 새롭게 등장하는 스포츠는 너무도 많고 다양하다. 동시에 세계화로 인해 스포츠 체험과 소비가 획일화되면서, 이전에는 소수 국가와 사회만 즐기던 종목이 올림픽 정식종목이 되는 사례도 늘고 있다. 예를 들면 1992년 바르셀로나 올림픽에서 야구가 정식종목이 되었고,[5] 2020년으로 예정됐던 도쿄 올림픽은 3대3 길거리 농구, 스케이트보드, 자전거 장애물 경주(BXM) 등 젊은 세대에 인기 있는 스포츠를 정식종목으로 채택했다. 심지어 2024년 파리 올림픽은 춤·댄스 분야에 속하는 브레이크 댄싱을 정식종목으로 선정하였다.

e스포츠[6]는 어떠한가. e스포츠의 경우, 그 정체성에 대한 학계의 논쟁이 제대로 시작되기도 전에 이미 2018년 자카르타-팔렘방에서 열린 아시안게임에서 처음 시범종목으로 채택되었고,[7] 2022년 항저우 아시안게임과 2024년 파리 올림픽의 도입 여부가 언급되기도 했다. 물론 바흐 올림픽 위원장은 "e스포츠가 신체활동과 관련이 없다"고 공식적으로 부정적 의견을 보이기도 했다. 하지만 새로운 형태의 스포츠에 열광하는 젊은 세대를 언제까지 무시할 수 있을까. 전통 스포츠와는 공통점보다 차이점이 많은 신종 스포츠가 스포츠 시장과 산업에서 계속 등장하고 성장하면서 최근 올림픽과 국제대회가 고민하는 것은 올림픽, 월드컵 같은 국제대회를 떠나는 젊은 대중을 포섭하기 위한 신종 스포츠 활용 전략을 어떻게 해야 하는가와 맞닿아 있다. 물론 국제대회 조직위원들이 젊은 세대에게 인기 있는 스포츠 종목을 의식하고 적극 반영한다는 것은 고무적인 변화이다.

특히 e스포츠의 경우를 보면, 2018년 그 시장규모가 9억 600만 달러(약 1조 원)로 전년도 대비 38.2%가 성장했고, 2020년에는 11억 달러(1조 원)을 넘어 2023년에는 15억 달러 이상의 성장을 예상한다.[8] e스포츠 전세계 시청자 규모는 2019년 4억 4,300만 명에서 2020년 4억 9,500만 명으로 증가했다. 2020년 초, 코로나19 팬데믹(COVID-19 pandemic)이 선언되면서, 해외 유명 경기들의 개막이 연기되거나 취소되었고, 스포츠의 무관중 시대가 문을 열었다. 스포츠 시장에 예상하지 못한 위기가 찾아온 것이다. 하지만 글로벌 유력 e스포츠 15개 토너먼트의 평균 시청률은 114%나 증가했다(오시영. 2020.07.09). e스포츠는 비록 현장에서 팬들과 소통할 수 없지만, 태생적으로 비대면 온라인 대회가 가능하기 때문에 코로나19의 영향을 덜 받았고, 오히려 의무적으로 사회적 거리두기를 해야 하는 사람들도 충분히 즐길 수 있는 기회를 제공했다는 측면에서 미래 스포츠의 모습을 보여줬다는 평가를 받고 있다(최은경. 2020).

결국 게임을 매개로 다양한 방식의 경쟁을 경험해본 e스포츠 세대는 e스포츠가 체육과 스포츠의 개념으로 설명하는데 한계가 있다는 것을 잘 알고 있다. 오히려 e스포츠가 국제 스포츠 대회에서 증명해 보일 것이 있다면 그것은 e스포츠에 대한 대중의 뜨거운 열정과 높은 관심일 것이다.

2   1957년 미국의 경험 위주 실용주의와 진보주의 교육은 비판을 받고 학문과 기초과학의 필요성을 강조하는 탐구 위주의 학습과 지식교육으로 교육의 방향을 전환했다. 이것은 대학의 학문화 운동(the disciplinary movement)에 영향을 주었고, 대학은 '체육'이란 용어와 '신체를 통한 교육'이란 개념이 학문적 영역의 명칭으로 문제가 있다는 비판을 받아들였다.

3   1895년 고종황제가 '교육입국조서'를 반포하면서 그 내용에 덕양, 체양, 지양을 교육의 3대 강령으로 제시하였는데, 그 중에 체양이란 용어가 체육을 의미한다(이학래. 2000. 105쪽; 신현규. 2006. 55쪽).

4   1930년대 현대무용교육가와 안무가로 알려진 루돌프 라반(Rudolph Laban)은 '휴먼 무브먼트(Human Movement)'란 개념을 개발시키며 주장해 1950년대 전 세계 체육학자들에게 영향을 주었다. 라반에게 영향을 받은 미국의 캐시디(Rosiland Cassidy)와 미시니(Eleanor Methney)는 '움직임 교육'이란 용어와 개념을 소개했다. 이후 미국에선 'Physical Education(체육)' 대신 'Movement Education(움직임 교육)', 'Kinesiology(신체교육학)', 'Biomechanics(생체역학)', 'Ergonomics(인체공학)', 'Exercise Physiology(운동생리학)'과 같은 용어가 등장했고, 'Department of Physical Education(체육학과)' 대신 'Department of the Arts and Science of Human Movement(움직임인문과학과)', 'Department of Kinesiology(신체운동학과)', 'Department of Excercise Science(운동과학학과)', 'Department of Sports Studies(스포츠연구학과)' 등과 같은 학과 명칭을 사용했다(하남길. 2004. 19쪽; 신현규. 2006. 58쪽).

5   야구는 1904년 하계 올림픽에서 처음 소개되었지만, 1992년에 정식 종목으로 채택되었다. 2012년 런던 하계 올림픽 종목에서 제외됐다가 2020년 요코하마, 후쿠시마 하계 올림픽에 다시 정식 종목으로 채택되었지만 당시 참가국은 일본, 한국, 미국, 이스라엘, 멕시코, 도미니카 공화국 뿐이었다. 결국 야구는 2024년 파리 하계 올림픽 정식종목이 되지 못했다.

6   e스포츠는 electronic sports의 약자로 북미권에선 competitive video gaming라고 부르기도 한다.

7   PES2018, 리그오브레전드, 스타크래프트II, 클래시로얄, 펜타스톰, 하스스톤 등 총 6개 종목이 시범종목으로, 경기 결과 중국은 리그오브레전드와 판타스톰, 일본은 PES2018, 인도네시아는 클래시로얄, 홍콩은 하스스톤 그리고 대한민국은 스타크래프트II에서 금메달을 얻었다.

8   e스포츠의 빠른 성장에 주목했던 해외 전통 스포츠 구단들은 이미 e스포츠팀을 인수하거나 신규 창단을 했다. 2016년 유럽의 주요 명문 스포츠 클럽인 발렌시아, PSG, 샬케04 등의 구단들도 리그오브레전드팀을 인수하거나 신규 창단했다. 2017년 5월에는 레드불이 유럽 지역 기반 리그오브레전드팀을 창단했다. 팀에 대한 투자뿐 아니라 e스포츠 대회 상금도 커지고 있는데, 2017년 리그오브레전드의 글로벌 리그인 '리그오브레전드 월드챔피언십'에는 메르세데스벤츠, 코카콜라, 인텔, 로레알 등 많은 글로벌 기업이 대회를 후원했다.

리매디에이션 REMEDIATION

20세기 TV라는 새로운 매체와 그로 인한 문화가 급성장할 당시에도 당대 학자들과 지식인들은 유사한 방법으로 TV를 설명하려 했다. 이것을 e스포츠 현상에 비유한다면, e스포츠는 호모 루덴스(Homo Ludens)의 '놀이'(play)이자 게임(game), 경기, 시합의 형태로 디지털 기술과 장비 그리고 인터넷 기반의 네트워크로 재매개된(remediation) '새로운' 게임이고 '새로운' 스포츠이며 나아가 '새로운' 미디어 커뮤니케이션의 기술이자 문화 콘텐츠가 되고 있다. 왜냐하면 e스포츠는 기존의 물체와 현상을 지속적으로 재매개하면서 빠르게 사용자를 연결 혹은 흡수하고 있기 때문이다.

예컨대 e스포츠는 사람과 사람사이에서 게임이 매개(mediation) 역할을 하면서 관계를 맺어주고 있을 뿐만 아니라, 게임은 인터넷을 비롯해 다양한 외부 장치들과 연결되고 매개되어야 시합이 가능하다. 선수와 시청자 사이 재매개된 게임이 있기 때문에 게임 그 자체로는 e스포츠를 설명할 수 없다.

게다가 e스포츠의 태생적 특수성 자체를 인정하지 않고 기존 스포츠와 무엇이 다르고 같은가를 비교하면서 e스포츠가 무엇을 버리고 얻어야 하는지 경직된 틀 안에서 이해하고 설명하려 하는 것은 어쩌면 시작부터 잘못된 것이다. 오히려 e스포츠가 기존의 학문 영역을 융합, 포섭, 차별화, 분극화 또는 확장 및 저항하는 현상을 면밀히 관찰해야 e스포츠의 재매개 방향성이 드러날 수 있다. 예를 들면 e스포츠는 게임에서 시작했지만 모든 게임이 e스포츠가 될 수 없다. e스포츠는 스포츠 요소를 가지고 있지만, 기존 스포츠의 형식을 항상 따르지도 않는다. 또한 e스포츠는 경기장 밖에서도 항상 플레이되며, 미래 IT 산업 기술들(VR, AR, IoT, AI 등)과 쉽게 접합 가능하다. 그리고 이러한 재매개 현상은 e스포츠 시장을 키우는 자본과 기술 그리고 사람들이 추동하고 있어 그 방향이 항상 일치하지 않는다. 하지만 게임에서 시작해 스포츠와 미디어 나아가 기술까지 확장할 수 있다는 것은 이미 증명이 필요 없는 e스포츠에 내재된 방향성 자체이다. 때문에 e스포츠가 다른 종류 이상의 무엇을 섞어 새로운 것을 만드는 퓨전(fusion) 학문이란 주장은 기존 연구와 다른 관점에서 e스포츠를 설명하고 있어 주목할 만하다. 또한 학제간 융합(interdisciplinary convergency)은 최근 대학의 혁신사업을 지원하는 교육부 정책에도 부합하는데, e스포츠는 이종 학문 간 통섭(consilience)의 범위가 넓기 때문에, 향후 급속히 팽창하는 관련 산업 현상의 본질을 증명하고 탐구하기 위해서 게임, 스포츠, 미디어 및 IT산업 분야의 다양한 연구 이론과 방법을 적용해 볼 수도 있다. 이것이 바로 e스포츠의 학문적 재매개 방향성이다.

◦ e스포츠의 학문적 재매개 방향성
출처 : Choi, E.K. 2019

포텐셜 POTENTIAL

 e스포츠의 종목은 '게임물'을 말하는데 항저우 아시안게임의 경우, 총 8개의 모바일과 PC 및 콘솔 게임이 채택됐다(한겨레. 2021.9.9.).[9] 정식 종목 8개 게임을 개발한 개발사의 국적은 미국이 4곳(밸브, EA, 블리자드, 라이엇게임즈), 중국이 2곳(텐센트, 항저우 일렉트로닉 소울 네트워크) 그리고 일본이 1곳(캡콤)이다. 그리고 우리나라의 펍지 스튜디오와 중국의 텐센트 기업이 합작한 게임인 PUBG 배틀그라운드가 있다. 게임물의 장르 역시 전략적 팀 경기, 총 쏘기, 축구, 카드, 격투 등 다양하다.

 2021년 한국콘텐츠진흥원에서 발간한 <e스포츠 실태조사 보고서>에 따르면, 우리나라에는 총 86개의 e스포츠 팀이 운영 중이다. 약 414명의 프로선수 중 20~21세가 35.2%로 가장 많다. 20~24세가 27.5%, 17~19세가 20.9%로 대부분의 e스포츠 선수들은 10대 후반에서 20대 초반이다. 이 선수들을 기반으로 다양한 대회가 개최 중이다. 코로나19 팬데믹의 정점에 있었던 2020년에는 168번의 대회가 열렸다. 이는 전년에 비해 60번이 증가한 것이다. 인기에 힘입어 지역별로 e스포츠 상설 경기장도 순차적으로 개관 중이다. 2020년 부산을 시작으로 광주, 대전에 위치해 있으며, 2022년 말 경남 진주에 추가 개관될 예정이다. 지역적 특성을 고려해 부산은 시내 번화가에, 광주는 대학 캠퍼스 내에, 대전은 엑스포에 개장했다. 최근 지역에서 적극적인 관심을 보이면서 후원 및 주최하는 대회도 늘고 있는데, 보통 온라인이나 지역 내 PC방에서 예선전을 치르고, 결승은 온라인과 오프라인을 병행한다. 또한, 게임사, 대한장애인체육회, 한국장애인연맹 그리고 일부 지자체에서 후원하면서 장애인 e스포츠 대회가 열리고 있다.

 e스포츠는 누구라도 참여하고 즐길 수 있는 접근 가능한 스포츠라는 장점이 큰 스포츠 분야다. 국적과 나이, 인종, 성별, 직업, 신체적 차이가 게임을 하는데 장애가 되지 않는다고 믿는 디지털 게임 유목민(digital game nomad)은 e스포츠를 만든 당사자들이다. 따라서 장애인과 비장애인, 동호인, 직장인, 대학생, 군인, 청소년, 중장년 및 노인까지 나이와 기호에 맞는 게임물을 선택해 서로의 기량을 겨루며 친목을 도모할 수 있다. 일상에서 e스포츠가 활성화된다면, e스포츠는 지역 경제와 관련 산업을 활성화할 뿐만 아니라 엘리트 스포츠로 확장되면서 미래 스포츠 교육에 필요한 방법과 내용을 제시할 수도 있다. 실제 미국과 유럽 그리고 중국에서는 e스포츠 고등학교, 대학교, 대학원 과정이 신설되면서 미래 스포츠의 가능성을 교육에서도 찾고 있다.

 e스포츠의 성장세와 가능성에도 불구하고, e스포츠에는 이전 세대의 게임 혹은 스포츠와 확연히 다른 특징들이 있다. 먼저, e스포츠는 게임물을 매개로 하지만 모든 게임물이 e스포츠 종목이 될 수 없다. 또한, 인기 e스포츠 대회는 게임 유저(user)에 의해 흥행이 좌우된다. 게임 유저들은 양질의 게임물을 선호할 뿐만 아니라, 게임물을 개발한 개발사가 유저들과 활발히 소통하며 피드백을 통해 불완전한 게임과 서비스가 개선될 때 열광한다. 이러한 게임과 유저의 관계성은, 정확히 말하면, e스포츠 종목은 전통스포츠와 같이 공공재가 아닌 게임의 지식재산권(IP)을 소유한 사람(기업)의 재산임을 보여준다. 따라서 e스포츠가 스포츠화되기 위해서는, e스포츠가 공정(fairness)과 공익(public interest)이란 공적 가치를 어떤 제도와 시스템으로 실현할 수 있는지 점검해야 한다. 이러한 논의에는 e스포츠 산업계 당사자들(게임사, 구단, 선수 등)과 e스포츠 교육자, 연구자가 반드시 참여해야 하며, 다양한 이해관

계자들을 중재할 수 있는 정부가 테이블을 마련해야 한다. 논의의 과정은 지루하고 복잡하며 명쾌한 답을 바로 얻지 못할 수도 있다. 하지만 e스포츠 강국으로 세계인이 주목하는 우리나라가 풀어야 할 중요한 숙제라는 점을 꼭 기억했으면 한다(최은경. 2022.07.08).

---

9 항저우 아시안게임의 e스포츠 정식 종목은 리그오브레전드(LoL), 하스스톤, 도타2, 몽삼국2, 스트리트 파이터5, 아레나오브발러(펜타스톰), 배틀그라운드 모바일, EA스포츠피파(FIFA)로 8개가 선정됐고, 시범 종목은 이시아스포츠연맹 로봇 마스터스와 아시아스포츠연맹 가상현실(VR) 스포츠 2개가 선정됐다(이준희. 2021.09.10).

토론거리

❶ e스포츠를 정의하기 위해 어떤 조건이 필요할까?

❷ e스포츠는 전통 스포츠를 대체할 수 있을까?

❸ e스포츠는 무엇을 매개하는가?

❹ e스포츠는 어떤 학문을 융합할 수 있을까?

❺ e스포츠는 올림픽 정식 종목이 될 수 있을까?

참고자료

박성주. 2021. 스포츠윤리. 북스힐

신현규. 체육 vs 스포츠 움직임의 철학. 한국체육철학회지, 14(4), 2006

오시영. 코로나19로 e스포츠 15개 평균 시청률 114% ↑. 2020.07.09

이준희. LoL·배틀그라운드, 항저우아시안게임 정식 종목 채택. 한겨레. 2021.09.10

이학래. 2000. 한국체육백년사. 서울; 사단법인 한국체육학회

최은경. e스포츠, 체육종목화 이후 남은 과제는? 서울스포츠. 서울특별시체육회. No.378. 2022.07·08. 36-37

최은경. 2020. 이스포츠의 대학 교육 필요성과 정당성에 관한 연구. 스포츠엔터테인먼트와 법. 23(3). 191-211

최은경. 2022. 이스포츠는 스포츠의 미래 : 이스포츠의 성장, 현황 그리고 전망. 한국스포츠정책과학원 스포츠산업이슈페이퍼. 2022-6월호. 1-15

하남길. 2004. 움직임 예술과학의 이해. 서울: 대한미디어

한국콘텐츠진흥원. 2021. 게임이용자 실태조사

Choi, E.K. 2019. July. Feasible plan of eSports : The first fusion of Game, Sports, Media and IT studies in South Korea. WCA, Massey University, NZ

Guttmann, A. 1978. Feezell, R. 2013. Sport, Philosophy and Good Lives. Lincoln, NE: University of Nebraska Press; Tamburrini, C. 2000. Essays in the Philosophy of Sports. Geteborg, Sweden Acta Universitatis Gothboburgensis

Meier, K. 1988. Triad Trickery : Playing with Sport and Games. Journal of the Philosophy of Sport, 15(1), 11-30

Suits, B. 1978. The Grasshopper: Games, Life and Utopia. Toronto: University of Toronto Press; Suits, B. 1988. Tricky Triad : Games, Play and Sport. Journal of the Philosophy of Sport 15(1), 1-9; Suits, B. 2018

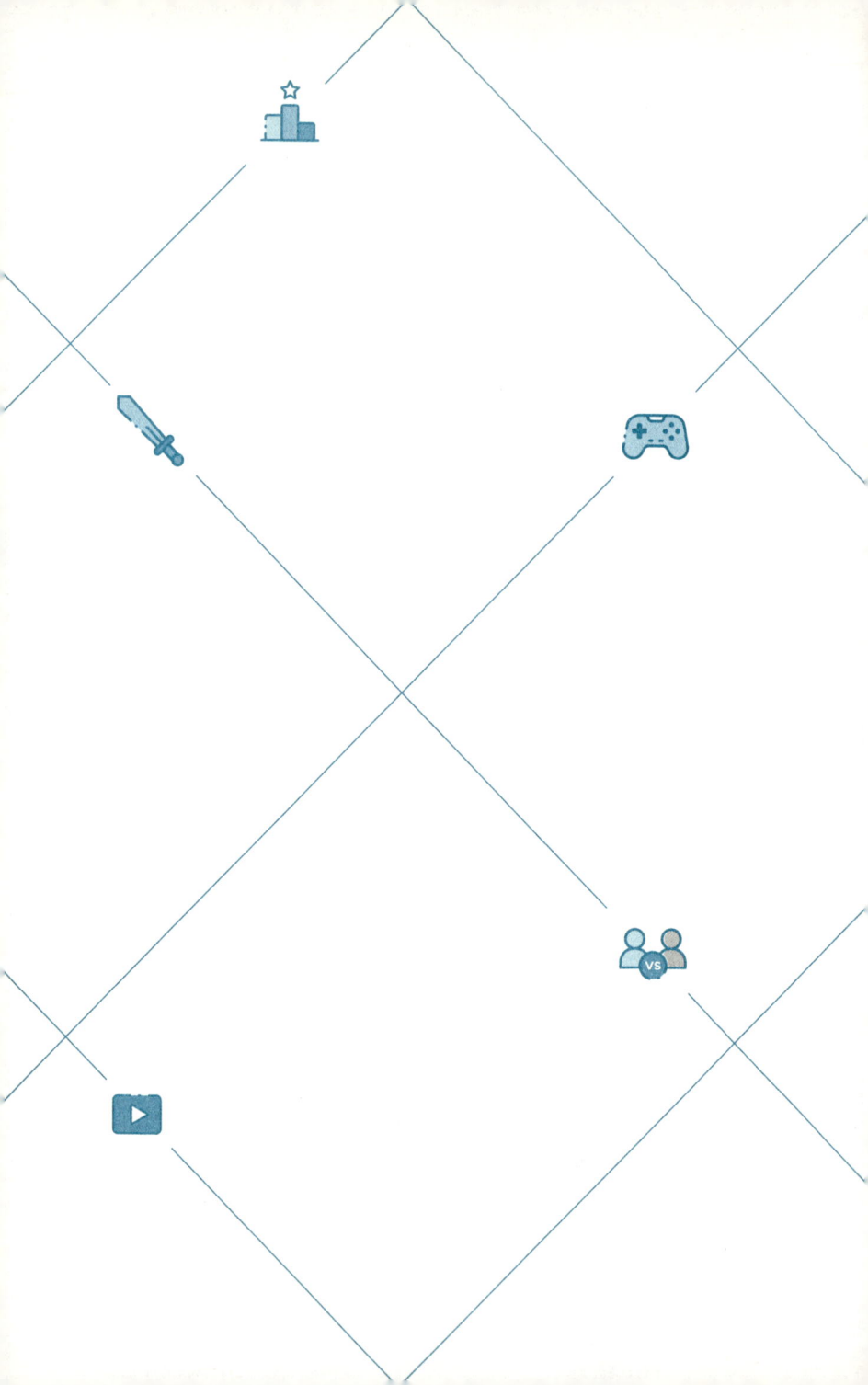

얼리게이머 EARLY-GAMER

한국 사회만큼 게임, 게임기기, 게임 유저를 부정적으로 인식하는 사회가 있을까? 언제부터 무슨 계기로 오락을 부정하게 됐을까? 1980년대 동네 전자오락실에서 실마리를 찾을 수 있을 것 같다. 당시 언론 보도를 보면, 운동장에서 신나게 뛰어놀아야 할 아이들이 어둡고 컴컴한 전자오락실에서 오락에 몰두하는 것은 사고를 단순화시키고, 잔재주, 손재주만 키우며 일부는 낭비벽까지 보이고 있다고 지적했다. 게다가 오락실 게임의 대부분이 일본에서 수입된 것을 문제 삼았고, 등교 전 오락실 문을 좀 늦게 열어야 지각생이 줄 것 같다는 웃지 못할 인터뷰도 담겨있다. 총 쏘고, 타격하고, 격투하고, 현란하게 손가락을 움직이는 청소년들을 오락실의 상징으로 묘사했다.

1990년대 중반까지도 인터넷과 컴퓨터는 공공 기관·교육 기관·기업 기관에서만 제한적으로 사용했는데, 1994년 한국 PC 통신(하이텔)이 인터넷 상용 접속 서비스를 최초로 시작하면서, 데이콤과 나우콤 등이 사업에 참여했다. 1996년에는 인터파크와 롯데 인터넷 백화점이 문을 열어 웹사이트에서 물건을 고르고 구매하는 전자 상거래(e-commerce)의 시대가 열렸고, 1998년부터 두루넷·하나로 통신·KT 등이 전용 케이블이나 전화선을 이용해 초고속 인터넷 서비스를 제공하기 시작했다. 2002년에는 초고속 인터넷에 가입한 가구가 1,000만을 돌파함으로써 모뎀을 이용한 인터넷 접속을 압도해 버렸다. 초고속 인터넷 서비스 이용이 폭발적으로 증가하면서 PC방이 생겨났고, 온라인 게임이 인기를 얻었다. 그 밖에도 인터넷을 기반으로 한 온라인 주식 거래 서비스, 인터넷 뱅킹 서비스가 PC 보급에 영향을 주었다(김명진. 2005). 특히 PC방 문화가 급격히 증가하면서, 청소년과 성인 남성의 대표 오락 공간이었던 당구장과 전자오락실은 PC방이라는 거대한 바람에 휩쓸려 과거의 영광으로 남게 되었다. 당대 최고의 인기를 누린 스타크래프트(Starcraft)는 PC통신에 방(커뮤니티)이 생겨 많은 유저들이 함께 소통했다. 당시 한국공연예술진흥협의회는 스타크래프트를 선정성, 선혈과다, 살상과다와 같은 유해성을 문제 삼아 연소자의 관람 및 이용을 금지했는데, 경찰은 스타크래프트에 빠진 청소년을 단속했다가 결국 해금하는 촌극이 벌어지기도 했다. 1980년대와 1990년대 게임을 둘러싼 여러 사회적 현상을 살펴볼 때, 청소년의 게임 중독은 오락실, PC방과 밀접한 관계가 있는 것으로 묘사되었고 프레임화되었음을 알 수 있다. 이에 따라 게임을 하는 사람들의 문화를 폄하(belittle)했고 하찮은 것으로 보았던 것이다.

게임 기술과 주변 기기 및 기술이 발전한 만큼 빠르게 성장했던 젊은 세대의 여가 문화 활동은 그것이 사회적으로 어떤 영향력을 주었고, 3차 서비스 산업으로 확장되는 과정에서 어떤 잠재력이 있는지 논의할 거리가 많다. 특히 2002년 PC통신사들이 초고속인터넷과 제휴하여 가입자 경쟁을 치열하게 하면서 PC방은 고사양 디지털 전용회선의 LAN 환경을 갖출 수 있었고, 게임을 즐기는 사람들끼리 실력을 겨뤄볼 수 있도록 대회를 열었다. PC방 유저들이 즐겨 플레이하던 블리자드의 스타크래프트는 국내에서 크게 성공한 실시간 전략 게임(Real-Time Strategy, RTS)으로 게임이 스포츠화될 수 있음을 증명한 대표 사례이기도 하다.

게임스포츠 GAME SPORTS

 전통 스포츠 산업의 성장을 보면, 특정 스포츠 종목이 대중에게 널리 전파될수록 플레이하는 사람들보다 보는 사람들이 증가한다. 1980년대 이후 야구, 농구, 축구, 배구 등에 프로 리그가 등장하면서 스포츠 산업은 빠르게 성장했다. 여기에 다매체 다채널 방송 시장이 도입되면서 1990년 말 케이블 방송사들은 게임 대회를 중계하거나 관련 콘텐츠 제작을 시도했다. 실제 1999년 투니버스[10]에서 시작한 KPGL(Korea Professional Gamers League)는[11] e스포츠의 가능성을 제대로 보여주었다. 지역 PC방에서 산발적으로 열리던 스타크래프트 대회가 통합해 최초의 스타 프로 리그로 출범한 것이다. 동네, 지역에서만 볼 수 있는 고수들의 도장깨기를 직접 또는 방송 매체에서 볼 수 있다는 즐거움은 e스포츠가 성장하는데 큰 역할을 했다. 2000년 온게임넷(On Game Net)은[12] 독립 방송국으로 개국했고, MBCGame 등 케이블 채널과 GOMTV, 나이스게임TV 등 인터넷 방송 플랫폼이 잇달아 개국했다.

 e스포츠의 태동기라 할 수 있는 이 시기에 방송사들은 각종 대회 및 방송 콘텐츠의 제작과 운영을 독립적으로 기획하고 운영했다. 대회 상금 및 운영비용을 방송국 자체 예산으로 하거나 기업이나 외부 기관을 스폰서로 유치했는데, 케이블 채널의 경우 방송 광고로 수입을 확보했다. 선수 및 팀들에게 지급되는 비용은 대회 상금이 유일하였기 때문에 당시 게임단들은 대부분 대기업이 직접 운영할 수 밖에 없었다. 이는 프로 야구 및 프로 축구와 같이, 프로 e스포츠팀 역시 모기업의 홍보비 형태의 운영비 지출 없이는 운영되기 어려운 구조였기 때문이다. 결국 모기업의 재정 상태 및 관심도에 따라 2억 이

상의 고액 연봉을 수령하는 선수와 600만 원의 매우 적은 연봉을 수령하는 선수가 공존하기도 했다.

◦ e스포츠 태동기 : 전문 방송의 등장
* 1998년~2017년 e스포츠 역사는 한국e스포츠 협회 자료를 바탕으로 재구성함.

1998년	· 스타크래프트 한국 서비스 시작 · 국내 첫 게임단 청오SG 창단 · 국내 최초 e스포츠 리그(Korea Pro Gamers League, KPGL) 탄생 · 방송에서 처음으로 '98월드컵 예측 시뮬레이션' 게임 중계 시작
1999년	· 1999년 문화관광부 산하 게임종합지원센터 개원 · 한빛소프트에서 스타크래프트 판매·마케팅 시작 · 사단법인 21세기한국프로게임협회 설립
전문방송 등장	· 인터넷게임전문방송국 게임큐닷컴, 나이스게임TV 출범 · 지역 방송, iTV 경인방송국 라이벌전, 랭킹전 · 케이블 방송, 온게임넷 스타리그 · 위성방송 채널, '스카이 겜TV', 여성부 리그 출범 · MBCGame, SPOTV 게임즈 개국 · GOMTV의 글로벌 시장 확대

2002년 말 스타크래프트의 장기적 발전을 확신한 한국e스포츠협회와 아마추어 스타크래프트팀은 대기업의 후원으로 10개 팀(삼성전자, 오리온, 한빛스타즈, AMD, GO, POS, IS, KOR, KTF, SouL)의 프로 e스포츠팀을 구성하였다. 이후 조직적인 후진 양성 시스템을 구축하였고, e스포츠 분야에서 전문 직업인이 배출되기 시작하였다. 2004년 7월 온게임넷은 스타크래프트 프로 리그인 스카이프로 리그 결승전을 부산 광안리 야외 행사장에서 개최했는

데, 1라운드 결승전에 관람객이 약 10만 명이 운집하면서 스타크래프트 e스포츠 역사상 가장 많은 관중이 모인 날이 되었다. 2017년 블리자드 엔터테인먼트는 스타크래프트:리마스터 출시를 기념하여 같은 장소에서 런칭 행사를 진행하였다.

◦ e스포츠 형성기 : 국제대회와 방송의 결합

2000년	· 넷크럽, 배틀탑(KIGL), 혜성정보통신, 동쪽의 땅(Progamer Korea Open, PKO) 등이 전국 게임 대회 조직 및 개최 · 투니버스 스타리그 개막 → 온게임넷 개국 & KPGL배 하이텔 게임넷리그 중계
2001년	· 삼성전자가 후원한 세계 최초의 다종목 국가 대항 e스포츠 대회 WCG(World Cyber Games) 개최 · 스타크래프트 리그를 통하여 스타플레이어(임요환, 홍진호, 김동수, 박정석 등) 탄생 · 스타크래프트에 대항할 국산 종목 리그를 시도하였으나 실패 · 전략 시뮬레이션 게임(RTS) 중심의 성장 · 공정한 규칙과 규약, 규정의 필요성 대두 · 프로게이머 공식 랭킹 산정 시작
2002년	· 블리자드 엔터테인먼트의 워크래프트3 출시 후 국산 전략 게임 리그 감소 · PC패키지 게임 시장이 온라인 게임으로 대치되면서 e스포츠 산업 성장 주춤
2003년	· 세계 최초의 단체전 시작 · 한국e스포츠협회의 대회 공인제 실시: 최소한의 대회 규모나 상금 등을 제한하여 협회 인증 부여 · 프로 선수들의 고액 연봉 계약, 이적에 관한 규정 요구 · 프랑스 파리 국제 e스포츠 대회 ESWC(Esports World Cup) 개최

2004년	· SK텔레콤 'T1' 창단 · 부산 광안리 프로 리그 1라운드 결승전에 관람객 10만 명 입장 기록 · 프로 리그 도입에 따른 규정과 규칙 강화(스토브리그, 공인 심판제, 전용 경기장 등) · 정치권, 스포츠 마케팅, 대중 문화에서 e스포츠가 큰 주목을 받게 됨
2005년	· 2기 e스포츠협회 출범 · 통합 단체전 '스카이 프로 리그 2005' 개막 · 공인 심판, 장치 및 장비, 일시 중단 및 재경기, 부정 행위, 징계, 이의 제기 등 규정 정립 · 각종 국제 대회가 미디어와 결합하면서 '보는 스포츠'가 됨

  2006년부터 시작된 e스포츠 업계의 지식재산권(Intellectual Property Rights, IPR) 분쟁은 팬들을 배려하지 않은 결과이기도 하다. 2005년 통합 리그 이후 e스포츠 업계에서는 협회와 방송국 간의 중계권 문제부터 잡음이 생기기 시작하였다. 중계권 타결 이후에도 블리자드 엔터테인먼트사와 e스포츠 업계 간의 지식재산권 분쟁은 또다시 시작되었다. e스포츠 업계는 2006년부터 2012년까지 끊임없이 분쟁에 시달리며, 팬들의 목소리는 외면하였다. 분쟁이 지속되는 동안 팬들은 동일한 콘텐츠의 홍수로 식상함을 느끼고, 지나친 규제로 관심을 잃어가게 되었다. 이렇게 팬들이 혼란스러워할 때 리그오브레전드가 출시되었으며, 팬들은 당연히 스타크래프트2로 이동할 것이라는 전문가들의 예상을 깨고, MOBA 장르로 대거 이동하였다.

˚ e스포츠 도약기 : 전용 경기장과 e스포츠 중계권

2006년
- 프로게임단 창단 러시, 전 프로게임단 기업화
- 제1회 대한민국 e스포츠 대상 탄생
- FA 제도 도입, 선수층 대폭 확대
- 상설 경기장 등장(서울 용산)

2007년
- 세계 최초의 e스포츠 중계권 논란
- 프로 리그 최초 다년 계약 체결 및 주5일 체제 도입
- 세계 최초의 군(軍) 게임단, 공군 에이스(ACE) 팀

2008년
- 2007년 시작된 '문화체육관광부장관배 전국 아마추어 e스포츠 대회(KeG)가 대통령배로 승격
- 한국 e스포츠 탄생 10주년
- 국제 e스포츠 연맹(IESF) 창설
- 워크래프트3의 Moon 장재호, 2008 베이징 올림픽 성화 봉송

2009년
- e스포츠 최초로 스타크래프트1 자유계약선수(FA) 제도 도입
- 첫 대통령배 아마추어 e스포츠 대회 개최

2010년
- 프로게이머 승부 조작 사건 발생
- 스타리그 사상 첫 해외 결승전 개최

∘ e스포츠 과도기 : 리그오브레전드의 등장과 게임 방송사의 쇠퇴

2011년	· e스포츠협회, 방송국, 블리자드 엔터테인먼트사의 스타크래프트 지적재산권 분쟁 발생 · MBC게임 폐지 · 라이엇게임즈가 개발한 MOBA 장르 리그오브레전드(League Of Legends, LoL) 등장 · WCG 8년 만에 한국 개최
2012년	· 프로 스타크래프트 해단, 선수 은퇴 · LoL 월드 챔피언십 시즌2 · 공군 에이스(ACE) 팀 해단
2013년	· LCK 대표 SK텔레콤 T1 LoL 월드 챔피언십 시즌3 우승 · 서울 넥슨아레나 오픈 · 신규 게임 전문 채널 SPOTV 게임즈 개국 · 제4회 실내&무도 아시아 경기 대회 출전
2014년	· 2014 LoL 월드 챔피언십 한국 개최 · 전국체전 최초 e스포츠 대회 개최 · WCG(World Cyber Games) 폐지
2015년	· KeSPA(한국e스포츠협회) 대한체육회 준가맹단체 승인되어, e스포츠가 정식 체육종목으로 인정받음 · 라이엇게임즈 LCK 온게임넷-SPOTV 복수 중계를 도입하여 '팀 운영비 지원' 등 리그 정비

국내 e스포츠 현상이 시작된지 10년이 지나자 게임 유저와 팬들이 선호하는 게임이 변했다. 자연스럽게 e스포츠 종목도 변경됐는데, 2011년 리그오브레전드 월드챔피언십(롤드컵)이 시작된 이래 LCK(LoL Champions Korea)

를 대표하는 팀이 2013년부터 2017년까지 잇달아 우승했다. 2013년 미국에서 개최된 롤드컵 시즌3에서 SKT T1이 우승한 이후, 2014년 삼성 화이트, 2015년과 2016년은 다시 SKT T1이 그리고 2017년 삼성 갤럭시에서 우승을 했다. 한국이 2021년까지 통틀어 6번 우승을 하면서 독보적인 존재감을 보이자 한국 e스포츠 프로게이머들은 그렇게 세계 e스포츠인들에게 도전해 보고 싶은 상대가 되었다.

◦ **e스포츠 전환기 : 게임사 주도의 게임 중계**

2016년	· 국내 스타크래프트 프로 리그 종료 · 서울 OGN e스포츠 스타디움 개관
2017년	· 배틀그라운드 e스포츠 가능성 확인 · 스타크래프트리마스터 소개 · 오버워치 e스포츠 최초 지역 연고제 도입
2018년	· 2018 자카르타 – 팔렘방 아시안게임에서 e스포츠를 시범 종목으로 선정 · 포트나이트 배틀로얄 천억 원 규모의 e스포츠 리그 공개 · 배틀그라운드 국제 e스포츠 리그 PGI(PUBG Global Invitational) 도약
2019년	· 블리자드 엔터테인먼트사의 하스스톤 프로게이머 홍콩 지지 행위 징계 논란 · 카나비 사태[13]
2020년	· e스포츠 공정위원회 출범 · 문화체육관광부, e스포츠 표준 계약서 고시 제정 및 시행 · 라이엇게임즈 코리아, LCK 표준 계약서 발표 · LCK 프랜차이즈 도입

2021년	· e스포츠 2022 항저우 아시안게임 정식 종목 확정 · 부산, 광주, 대전 e스포츠 상설 경기장 설립 & 개장 · 모바일 e스포츠 급성장 · 한국e스포츠협회 대한체육회 준회원 승격
2022년 (상반기)	· 2022 항저우 아시안게임 리그오브레전드 국가대표 선발 논란 · 2022 항저우 아시안게임 연기 · MSI RNG 특혜 논란[14]

　모바일 e스포츠 종목이 급성장하면서 한국 e스포츠도 많은 변화를 맞이하고 있다. 하지만 한국 e스포츠는 PC게임 종목에 강하다 보니 2023년 9월로 연기된 2022년 항저우 아시안게임의 8개 종목에 출전할 수 있는 선수를 발굴하는데 한계가 있었다.

[10] 1995년 개국한 CJ ENM 미디어콘텐츠부문의 어린이와 청소년 대상 채널이다.

[11] 1997년 북미에서 최초의 스타크래프트 프로게임리그인 PGL이 열렸는데, KPGL은 국내 최초의 스타크래프트 프로게임리그로 1999년 1월의 1회 대회를 시작으로 총 5회 개최되었다.

[12] 2000년 개국한 온게임넷은 2015년 OGN으로 사명을 변경했고 2021년 1월부터 방송 인력을 줄이다 8월에는 올레TV 채널에서 빠졌다. 결국 소유주인 CJ ENM 미디어콘텐츠부문이 2022년 5월 ㈜오피지지에 매각했다.

[13] 리그오브레전드 프로게이머 서진혁(닉네임 카나비) 선수의 불공정 계약 재조사를 요구하는 청와대 국민청원이 1주일만에 20만명을 기록하면서 감독의 언어 폭행, 미성년자 프로게이머의 e스포츠 계약 관행 등 문제가 공론화되었다(윤민혁. 2019.11.29).

[14] 최근 라이엇 게임즈는 리그오브레전드 국제 대회에서 논란이 되고 있는 로얄 네버 기브 업(RNG)에 대한 특혜와 게임 응답속도(Ping)에 대한 의혹에 대해서 해명을 한 바 있다. 대회 주최자는 선수와 팬을 위한 공정한 스포츠 경쟁을 제도적으로 마련해야하는 것이 기본 의무인 만큼 라이엇게임즈의 향후 대응은 특히 주목을 받고 있다(김용우. 2002.05.11).

토론거리

❶ 스포츠와 방송은 어떤 관계를 맺고 있을까?

❷ 게임 방송 채널이 e스포츠 대회를 주도한 이유는 무엇인가?

❸ 게임 방송 채널들은 e스포츠 산업 발전에 어떤 역할을 했는가?

❹ 게임 방송사들은 게이머와 팬을 어떻게 연결시켰는가?

❺ 방송은 어떻게 게임을 스포츠 대회로 성장시켰을까?

읽을거리, 볼거리

❶ 옛날티비: KBS Archive 추억의 전자오락실 [그땐그랬지 : 8090 전자오락실 편]

❷ 역사적인 온게임넷 개국 첫 경기

❸ TOP 100 YOUTUBERS GAMES CHANNELS SORTED BY SUBSCRIBERS

❶

❷

❸

참고자료

김명진. 4권. 근현대 과학 기술과 삶의 변화. 한국문화사. 국사편찬위원회. 2005

김용우. [MSI] 'RNG 특혜 논란' 라이엇 게임즈, "상하이 봉쇄 때문에...". 데일리e스포츠. 2022.05.11.

윤민혁. 20만 청원한 '카나비 사태'... "e스포츠 계약관행 바꿔야". 조선비즈. 2019.11.29

한국e스포츠협회. 2008. e스포츠 10년사. 1998~2007

한국e스포츠협회. 2019. e스포츠 20년사. 2008~2017. 겜툰

메모하기

메모하기

메모하기

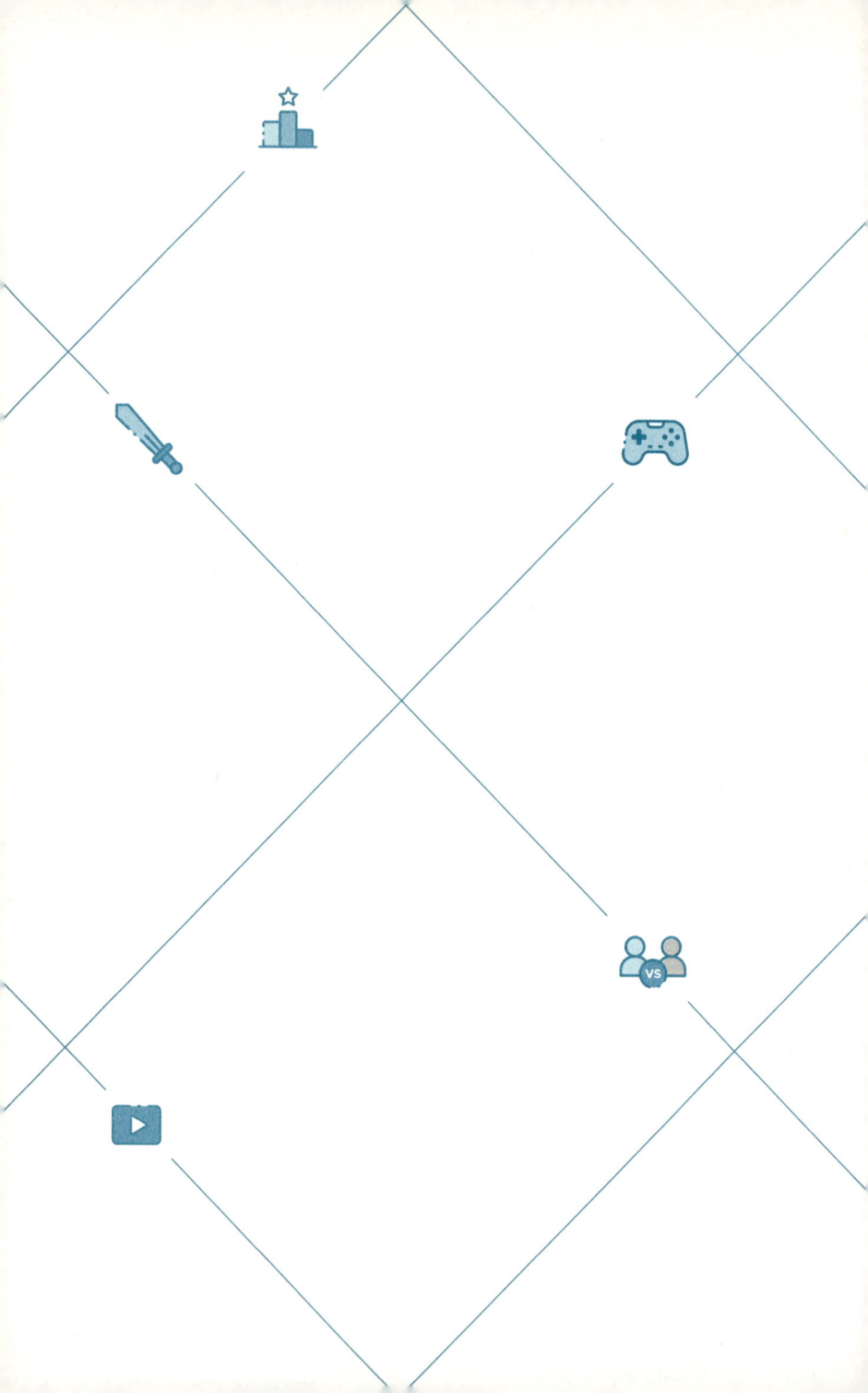

WATCH

플랫폼, e스포츠를 전파하다

- e프로슈머의 탄생 BIRTH OF EPROSUMER
- 영광의 시대 ERA OF GLORY
- 러닝 자이언트 RUNNING GIANT
- 위너 트위치 WINNER TWITCH

e프로슈머의 탄생 BIRTH OF EPROSUMER

코로나19로 인해 전 세계가 거리두기를 실행하고 있는 작금의 상황에서도 e스포츠를 위시한 '방구석 산업'은 시대적 어려움을 넘어 4차 산업 혁명의 방향성을 제시하고 있다. e스포츠는 인터넷 서버가 연결된 디지털 장비를 매개하여 대전을 펼치는 비디오 게임이 스포츠화 된것으로, 코로나19가 몰고 온 대면 접촉의 위기와 공포를 무색하게 만들고 있다. 예컨대 2020년 초여름 글로벌 e스포츠 토너먼트가 시작되자 온라인 평균 시청률이 114% 증가했다. 그 외 다른 종목과 대회 스트리밍 시청률은 코로나19 이전보다 평균 75%~100%가 증가했다. 특히 게임 스트리밍 서비스 플랫폼으로 알려진 트위치의 경우 2020년 5월의 총 시청시간은 17억 2,000만 시간으로, 2019년 12월과 비교할 때 98%가 증가하였다. 온라인 스트리밍 플랫폼에서 게임과 e스포츠 동영상을 생산하는 유튜버와 스트리머도 코로나19 전에 비해 급증하고 있다.

니코파트너스가 발간한 리포트인 <아시아 e스포츠>에 따르면, 아시아 지역 내 e스포츠 팬은 약 5억 1,000만 명이며 모바일 e스포츠 시장은 연간 16조 원의 수익을 내고 있다(연합뉴스. 2020.08.05). 이것은 전 세계 e스포츠 수익의 절반에 해당되는 규모로, 대륙 단위로 볼 때 아시아는 세계 e스포츠 시장에서 가장 높은 수익을 내는 곳이 되었다. 중국과 인도라는 세계 최대 인구를 보유한 아시아 대륙은 글로벌 금융 산업과 첨단 기술 산업을 주도하는 서구 선진 국가들과 비교할 수 없을 정도로 높은 모바일 보급률과 인터넷 이용률을 보여주고 있다. 아시아 지역 내 e스포츠 팬은 손안의 작은 디지털 장비를 통해 인터넷으로 서로를 연결하고 소통하며, 생각과 문화를 공유하고, 함께 체험하는 것을 좋아한다. 특히 e스포츠를 함께 플레이(play)하고 관람(watch)하며 관련 동영상을 제작(create)해 소비(consume)하는 프로슈머(Prosumer, 생산자와 소비자의 합성어)들의 일상이 유행하면서, e스포츠는 프로슈머에게 놀이터이면서 동시에 새로운 전문 직업의 가능성도 보여주고 있다.

K방역을 자랑하는 우리나라 또한 코로나19 발생 초기에는 대회를 연기한 바 있다. 하지만 2020년 5월 리그오브레전드 챔피언스 코리아(이하 LCK) 2020 스프링 결승전이 열렸고, 선수단과 스태프뿐인 경기장이었음에도 소셜미디어와 포털 사이트를 통해 라이브 방송을 시청한 사람이 한국인 70만 명을 제외하고도 약 1,700만 명이나 됐다. 그리고 2020년 6월 개막한 LCK 서머 시즌 역시 온라인으로 진행되어 롤드컵에 출전할 LCK 대표 선발전까지 무사히 마쳤다. 같은 해 9월 8일, 전국 단위 대학 e스포츠 리그 또한 온라인으로 개막했다.

코로나19 시대, 스포츠·문화산업이 더욱 주목받는 이유가 바로 여기에 있다. 재확산을 반복하면서 종식될 줄 모르는 코로나19로 외부 활동은 제약이 많지만 사람들은 인터넷을 통해 서로가 연결된 공간과 그 공간에 담겨진 문화를 서로 나누면서 이 시기를 버텨내고 있다. 그 연결 고리에는 게임, 드라마, 영화 그리고 스포츠가 담겨 있다. 이 콘텐츠들은 우리가 함께 열광하고 응원하며 함성을 지르던 그 공간의 기억과 감성을 여전히 가지고 있어 물리적 거리는 떨어져 있어도 우리를 정서적으로 다시 뭉치게 한다(최은경. 2020.09.11).

영광의 시대 ERA OF GLORY

1) OGN의 e스포츠 대회

던전앤파이터	온게임넷 던파 리그 (2007~2011) 액션토너먼트 (2012~2014)
리그오브레전드	League of Legends Champions Korea (2012~2018)
배틀그라운드	PUBG Survival Series (2017~2018)
스타크래프트 / 스타크래프트2	온게임넷 스타 리그 (1999~2012) 스타크래프트 프로 리그 (2003~2012) 온게임넷 스타 리그 (2012~2013)
철권	TEKKEN BUSTERS (2012) LG울트라기어 OSL 퓨처스 (2019)
카트라이더	카트라이더 리그 (2005~2013, 2020)

2002년 5월 ㈜오피지지에 인수된 CJ ENM 미디어콘텐츠부문 소유의 OGN 은 1999년 온게임넷 스타 리그로 시작해, 스타크래프트 프로 리그 등 e스포츠가 형성되고 도약하는데 큰 역할을 했다. 그 밖에도 카트라이더 리그와 온게임넷의 자체 리그를 운영했는데, 2011년 등장한 리그오브레전드 대회 및 배틀그라운드와 철권 대회를 열었다. 하지만 라이엇게임즈가 직접 중계 사업을 시작하면서 OGN을 비롯한 국내 게임 방송사의 지위가 많이 흔들렸다.[15]

2) MBCGame의 e스포츠 대회

스타크래프트 / 스타크래프트2	KPGA 투어 (2001~2003) MBCGame Star League (2003~2011) 스타크래프트 프로 리그 (2005~2011)
철권	TEKKEN CRASH (2009~2011)

 2001년부터 케이블TV 시장을 준비한 MBC는 2003년 MBCGame을 개국했다. MBCGame은 MBC플러스미디어가 운영한 케이블 TV 네트워크로, 2012년 폐국까지 e스포츠 중계와 게임 전문 프로그램을 편성했다. 대표 e스포츠 대회로는 2001년부터 2003년까지 중계한 KPGA 투어가 있다. 2003년부터는 2011년까지 MBCGame Star League를 장기 중계했는데, 같은 시기에 스타크래프트 프로 리그도 중계했다.

3) 나이스게임 TV의 e스포츠 대회

리그오브레전드	NiceGameTV League of Legends Battle (2012~2014) League of Legends Challengers Korea (2015~2020)
철권	TEKKEN STRIKE (2013, 2016)
카오스	Chaos Clan Battle (2007~2012, 2019~2020)

 2004년 개국한 인터넷 e스포츠 방송국 나이스게임TV는 당시 OGN과 MBCGame이 다루지 않은 워크래프트3 리그와 카오스 리그(Chaos Clan

Battle, CCB)를 다루었는데, 2013년에는 철권 대회를 개최하기도 했다. 2014년부터 2017년까지는 리그오브레전드 챌린저스 코리아[16]를 주관 및 중계했다.[17]

4) SPOTV의 e스포츠 대회

던전앤파이터	액션 토너먼트 (2014~2017) DPL (2018~2019)
리그오브레전드	League of Legends Champions Korea (2016~2018)
배틀그라운드	PUBG Warfare Masters (2018)
스타크래프트 / 스타크래프트2	스타크래프트 프로 리그 (2012~2016) Starcraft2 StarLeague (2015~2016) SSL Series (2017)
철권	TEKKEN CRASH (2015)
카트라이더	카트라이더 리그 (2014~2020)

스포티비(SPOTV)는 스포츠 중계권 중개 업체인 에이클라 엔터테인먼트에서 2010년 개국한 스포츠 중계 방송 전문 채널이다. 2012년 IPTV기반으로 SPOTV2와 SPOTV+, 2013년에 개국하여 2020년에 폐국한 e스포츠 전문 채널 SPOTVGames는 이후 스카이라이프와 케이블 유선방송으로 영역을 확장했다. 그리고 2017년 최초로 유료 스포츠 채널을 도입했는데, IPTV를 비롯한 유선방송에서는 SPOTVON, 웹/모바일에서는 SPOTVNOW라는 이름으로 런칭됐다. 라리가(LaLiga), 세리에A(SERIE A), UEFA 챔피언스리그, UEFA

유로파리그, UEFA 네이션스리그 등 다양한 해외 축구 리그를 중계하고 있으며, 2018-2019 시즌부터는 프리미어리그도 단독 중계하고 있다. 그밖에 NBA, UFC, KBO, MLB, KBL 등 국내외 다양한 종목을 다루고 있다. 축구, 야구, 농구, 테니스, 격투기, 배구, 복싱, 골프 등 다양한 종목의 소속 해설 위원이 있으며, 2012년 스타크래프트를 시작으로 카트라이더, 던전앤파이터, 철권, 리그오브레전드와 배틀그라운드까지 다양한 e스포츠 종목의 대회를 운영했다. 2020년 코로나 19이후 e스포츠 대회 중계를 하지 않고 있다.

5) 아프리카TV 주최 e스포츠 대회

리그오브레전드	AfreecaTV LoL League (2021~)
배틀그라운드	AfreecaTV PUBG League (2017~2018, 2020~) PUBG Korea League (2018~2019)
스타크래프트 / 스타크래프트2	Global StarCraft II League (2015~) AfreecaTV StarCraft League (2016~)
오버워치	오버워치 APEX (2016~2017)
철권	AfreecaTV TEKKEN League (2017~)
카트라이더	카트라이더 리그 (2021)

아프리카TV는 2006년 등장한 인터넷 방송과 SNS 플랫폼으로 네이버, 다음, 유튜브, 구글 같은 플랫폼 기업들이 폭발적으로 성장하던 시기에 다양한 개인 방송 컨텐츠를 제공했다. 아프리카TV에서는 BJ(Broadcasting Jockey)가 동영상을 송출하면 시청자는 전용 프로그램을 이용해 송출 중인 채널의

목록 중에서 보고 싶은 채널을 선택해 접속하고 실시간 혹은 다시보기로 시청할 수 있다. BJ가 카메라를 켜고 진행하는 웹캠 방송은 채팅화면도 동시에 전달할 수 있어 언제 어디서나 실시간 생방송이 가능하다. 또한 시청자들은 '별풍선'이라는 사이버 머니를 이용해 실시간으로 BJ에게 후원할 수 있어 실시간 방송의 특징을 극대화시켰다.

아프리카TV는 회원수가 1,200만 명을 넘고 일일 접속자 수가 350만 명을 넘는다. 평균 동시 방송 채널 수가 5,000개 정도이고, 최고 동시 시청자 수가 50만 명으로, 기존 공중파 또는 유료 방송채널들과는 다른 방법으로 시청층을 넓혀가고 있다. 그들만의 방식으로 신인 가수를 배출하거나 언더그라운드 가수가 방송을 진행하는 등 기성 방송에서 볼 수 없는 참신하고 새로운 도전을 하는 긍정적인 측면도 있었지만, 일부 BJ의 선정성, 폭행, 승부 조작, 도박, 허위사실 유포, 욕설 파문 등 다양한 문제가 발생하기도 하였다. 2016년에는 아프리카TV를 대표하던 '대도서관', '밴쯔', '윰댕' 등 인기 BJ들이 아프리카TV와 송출 비용(호스트 비용), 수익 배분 등의 문제로 갈등이 커지면서 아프리카TV를 떠나 유튜브, 네이버, 트위치로 이동했다.

아프리카TV는 현재 채널에 동시 접속한 최고 시청자 수가 약 7만 명에 이를 정도로 규모가 상당히 큰 인터넷 방송이 되었다. 다양한 방송 장르와 콘텐츠를 보여주며 일반인부터 유명 연예인에 이르기까지 넓은 계층의 사람들이 BJ로 활동하고 있다. e스포츠와 관련하여서는, 자체 브랜드 리그를 제작 및 중계하고 있는데, 2015년 스타크래프트 리그를 시작해 오버워치, 철권, 배틀그라운드를 중계했고, 최근 카트라이더와 아프리카TV 리그오브레전드를 운영 및 중계하고 있다.

15 OGN을 인수한 ㈜오피지지(OP.GG)는 2013년 설립된 전적 검색 사이트로, 2018년 라이엇게임즈와 파트너십을 맺고 리그오브레전드 '격전'의 팀 찾기 서비스를 제공하는 등 다양한 서비스를 시도했고, 현재는 리그오브레전드, 발로란트, 배틀그라운드, 오버워치 종목을 다루며, 한국어, 영어, 일본어, 중국어 외 16개 언어로 서비스를 제공하고 있다.

16 라이엇게임즈가 주최하고 아프리카TV가 주관 운영 및 방송했던 한국 리그오브레전드 대회이자 리그오브레전드 챔피언스 코리아의 하위 리그로, 2020 서머 시즌을 끝으로 챌린저스 코리아가 폐지되었으며 2021 시즌부터 LCK가 프랜차이즈화가 되면서 LCK 챌린저스 리그로 대체되었다.

17 2017년 이후 챌린저스 코리아 주관 방송사는 아프리카TV이며, 2020년부터 현재까지 KeSPA와 함께 LCK 아카데미 시리즈의 공동 운영을 맡고 있다.

러닝 자이언트 RUNNING GIANT

　게임 시장은 코로나19의 영향을 많이 받은 콘텐츠 산업 분야 중 하나로 국내 게임 시장은 2021년에도 전년 대비 6.1% 성장해 20조 422억원이다. 특히 비대면 활동이 장기화되면서 PC방과 아케이드 게임장 산업은 위축됐지만, 모바일 게임의 경우 국내 게임 산업의 절반 이상을 차지하고 있는데, 2021년 매출은 전년 대비 9.5% 증가해 11조 8,654억원을 기록했다(콘텐츠진흥원. 2021. 75쪽). 2022년 글로벌 게임 시장의 경우를 보면 스마트폰 게임이 45%로 전년대비 5.7% 증가했고, 콘솔 게임은 전체 29%로 2위이지만 전년대비 가장 많은 8.4% 성장했다(Newzoo. 2022).

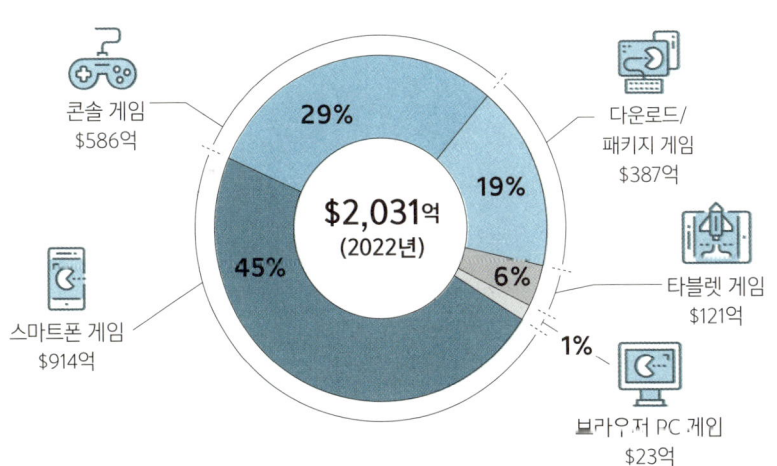

◦ 글로벌 게임 시장
출처 : Nick Statt. 2022.05.05

국내 게임의 주요 수출 국가는 중국이 35.3%로 가장 비중이 크며, 다음으로 동남아(19.8%), 대만(12.5%), 북미(11.2%), 유럽(8.3%) 순이다(콘텐츠진흥원. 2021. 82쪽).

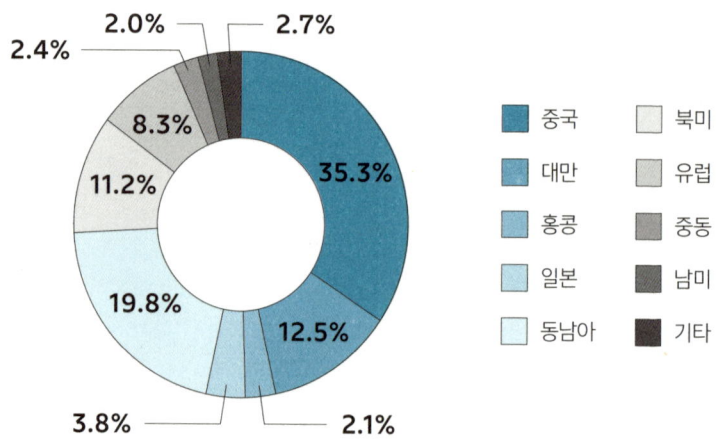

◦ 2020년 국내 게임의 수출 국가별 비중
출처 : 콘텐츠진흥원. 2021. 82쪽

한국의 세계 게임 시장 점유율은 6.9%로 나타났으며, 시장 규모는 144억 8,100만 달러 수준이었다. 글로벌 게임 시장에서 한국은 미국, 중국, 일본에 이어 4위이다. 2020년 전 세계 게임 시장 중 PC 게임 부문에서는 한국이 12.4%의 점유율로 중국, 미국에 이어 3위를 차지했다. 한편 전 세계 모바일 게임 시장에서 한국은 2020년 10.3%의 시장 점유율로 전년과 동일하게 4위를 차지했다. 1위부터 3위는 중국, 미국, 일본으로 2020년 세계 모바일 게임 시장에서 중국의 점유율은 26.4%로 가장 큰 비중을 차지하였으며, 미국과 일본은 각각

17.9%와 13.8%의 비중을 나타냈다(콘텐츠진흥원, 2021. 84-85쪽).

◦ 세계 게임 시장에서 한국의 점유율과 위상(2020년)

출처 : 콘텐츠진흥원. 2021. 85쪽

(단위 : 백만 달러, %)

순위	국가	시장 규모	비중
1	미국	45,863	21.9
2	중국	37,942	18.1
3	일본	24,140	11.5
4	한국	14,481	6.9
5	영국	12,733	6.1
6	독일	9,742	4.6
7	프랑스	9,471	4.5
8	이탈리아	5,250	2.5
9	캐나다	4,299	2.1
10	스페인	3,841	1.8
이하	기타	41,897	20.0

한편 e스포츠 인기 종목은 국가마다 차이가 있지만, 현재 대부분의 e스포츠 종목이 온라인 동영상 플랫폼에서 중계를 하고 있어 인기 종목의 주요 대회 시청자는 국경을 초월한 공간과 시간에 동시 시청을 즐긴다. e스포츠 세계 시청자 규모는 향후 꾸준히 성장할 것으로 전망하고 있다.

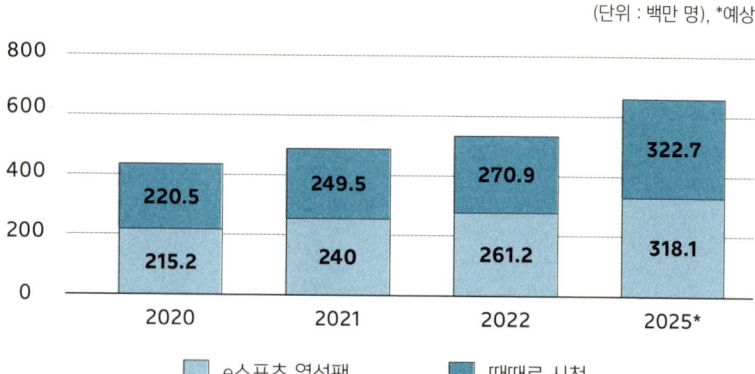

현재의 e스포츠 산업 체계는 예전과 다르다. 스타크래프트1 리그의 흥행을 통해 e스포츠 콘텐츠의 가능성을 확인한 게임사들은 종목사로 포지션을 변경하고 지적재산권을 앞세워 e스포츠 대회와 같은 콘텐츠의 제작 주도권을 확보하였다. 현재 가장 대표적인 e스포츠 리그인 LCK의 경우에는 라이엇게임즈에서 'LCK유한회사'라는 독립법인을 만들어 관련 콘텐츠를 직접 제작 및 운영하고 있다.

LCK유한회사의 제작 체계를 살펴보면, 1부 리그인 LCK 콘텐츠의 경우에는 자체 경기장인 롤파크(LoL Park)에서 자체 프로덕션을 통해 제작하고, 제작한 영상은 트위치, 네이버, 아프리카TV 등을 통해 온라인 송출하는 동시에 아프리카TV 케이블 채널로도 송출하고 있다. 2부 리그인 LCK챌린저스리그 (League of Legends Champions Korea Challengers League)와 3부 리그인 LCK아카데미시리즈(League of Legends Champions Korea Academy Series)는 체계가 약간 다르다. LCK챌린저스리그와 LCK아카데미시리즈는 모두 한국e스포츠협회를 통해 외주제작되고 있는데, 그중 LCK챌린저스리그는 e스포츠 콘텐츠 제작사인 VSPN이 촬영 및 송출을 진행하고 있고, LCK아카데미시리즈의 촬영 및 송출은 나이스게임TV가 담당하는 식이다.

이러한 체계가 기존과 가장 크게 달라진 점은 e스포츠 콘텐츠 제작의 주체가 방송사에서 종목사로 변경됨에 따라 방송사들의 역할이 자체 콘텐츠 기획보다는 프로덕션 형태의 외주사로 변화하였다는 점이다. 이를 통해 프로덕션들은 리그의 흥행과 관계없이 종목사로부터 일정 수준 이상의 제작비를 보장받기 때문에 안정적으로 매출을 확보할 수 있다는 장점은 있으나 사업의 확장이 어려워지고 신규 콘텐츠의 기획이 어려워진다는 단점이 같이 존재한다(한국콘텐츠진흥원. 2021. 18쪽).

◦ **5대 종목의 실시간 최고 시청자 수와 중계 플랫폼 현황**

출처 : escharts.com 재구성

종목	실시간 최고 시청자 수 (명)	중계 플랫폼
리그오브레전드	평균 약 130만 최고 약 402만	트위치, 유튜브, 아프리카TV, 네이버TV, 페이스북
발로란트	평균 약 49만 최고 약 109만	트위치, 유튜브, 아프리카TV, 페이스북
배틀그라운드 PUBG: BATTLEGROUNDS	평균 약 12만 최고 약 22만	트위치, 유튜브, 아프리카TV, 네이버TV, 틱톡

카운터스트라이크 글로벌 오펜시브 (CS:GO)	평균 약 59만 최고 약 211만	트위치, 유튜브, 페이스북, 스팀
카트라이더	평균 약 1만 최고 약 5만4천	트위치, 유튜브, 아프리카TV, 네이버TV

❶ 리그오브레전드 (League of legends)

지난 3년간 실시간 시청자 수를 보면, 2021 World Championship이 평균 약 130만, 최고 약 402만이고, 2020 World Championship은 평균 약 111만, 최고 약 388만이며, 2019 World Championship은 평균 약 104만, 최고 약 398만이었다. 모두 인터넷 기반 온라인 플랫폼인 트위치, 유튜브, 아프리카TV, 네이버TV, 페이스북을 통해 중계되었다.

❷ 발로란트 (Valorant)

발로란트의 경우 실시간 시청자 수를 보면, VCT 2022: Stage 1 Masters Reykjavík는 평균 약 42만, 최고 약 107만이었고 VCT 2021: Stage 3 Masters Berlin은 평균 약 39만, 최고 약 81만이었으며 VCT 2021: Stage 3 Masters Berlin은 평균 약 39만, 최고 약 81만이었다. 중계 플랫폼은 트위치, 유튜브, 아프리카TV, 페이스북이다.

❸ 배틀그라운드 PUBG: BATTLEGROUNDS

배틀그라운드의 2021년도 글로벌 챔피언십(PUBG Global Championship 2021)의 실시간 시청자 수는 평균 약 10만, 최고 약 19만이었고, 인비테이셔널(PUBG Global Invitational.S 2021)은 평균 약 12만, 최고 약 22만, 그리고

2019년 챔피언십(PUBG Global Championship 2019)은 평균 약 8만, 최고 약 20만이었다. 중계 플랫폼은 트위치, 유튜브, 아프리카TV, 네이버TV, 틱톡이다.

❹ 카운터스트라이크 글로벌 오펜시브 (CS:GO)

최근 실시간 시청자 수를 보면 IEM Dallas 2022은 평균 약 23만, 최고 약 43만이었고, PGL Major Antwerp 2022은 평균 약 59만, 최고 약 211만이며, ESL Pro League Season 15은 평균 약 13만, 최고 약 41만이었다. 중계 플랫폼은 트위치, 유튜브, 페이스북, 스팀이다.

❺ 카트라이더 (Kartrider)

카트라이더는 넥슨 코리아에서 주최하고 빅픽처인터렉티브에서 주관한다. 33번째 카트라이더 리그인 2022 Kartrider League Season 1의 실시간 시청자 수는 평균 약 6천, 최고 약 1만 6천이었다. 2021 Kartrider League Season 2는 평균 약 8천, 최고 약 3만, Kartrider League 2020 Season 1은 평균 약 1만, 최고 약 5만 4천이었다. 2022년 시즌1의 경우, 총 8팀에서 53명의 선수가 참가했다. 중계 플랫폼은 트위치, 유튜브, 아프리카TV, 네이버TV이다.

위너 트위치 WINNER TWITCH

코로나 팬데믹 기간 게임 라이브 스트리밍 시청자는 크게 증가했다. 게임 전문 리서치 업체 뉴주(Newzoo)에 따르면 2021년 8억960만명으로 전년 대비 22.2% 증가했고, 2022년에는 9억 2,120만명으로 13.8% 성장했다. 2025년에는 14억명 넘는 인구가 게임 라이브 스트리밍을 시청할 것으로 전망하다 보니 게임 라이브 스트리밍은 온라인 동영상 플랫폼 사업자들이 주목하는 산업이다.

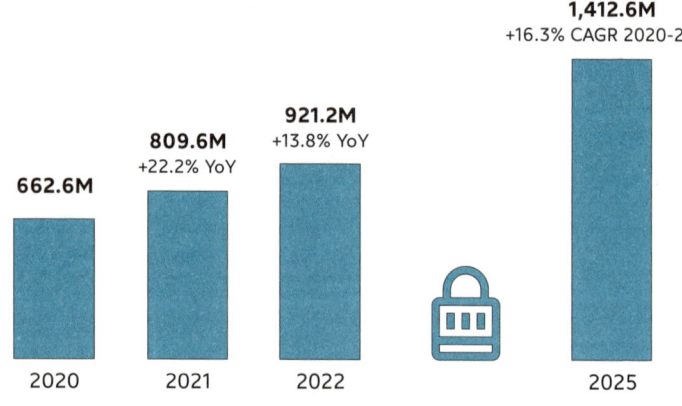

◦ Games Live Streaming Audience Growth
출처 : Newzoo, 2022

현재 인터넷 게임방송 시장의 절대 강자는 트위치(Twitch)이다. 트위치의 게이밍 라이브 시청시간은 5,066만 5,000시간으로 전체 67.6%를 차지하는데, 유튜브가 1,502만 9,000시간으로 20.0%인 것을 감안하면, 게임 방송 시청자들 사이 최고의 인기 채널이 분명하다.[18] 트위치는 2011년 6월 첫 사업을 시작한 플랫폼으로 2014년 아마존과 인수합병을 한 이후 스트리머와 시청자들이 소통하면서 게임을 즐길 수 있는 온라인 스트리밍 서비스에 집중투자했다. 온라인 스트리밍 산업을 일찍 시작한 업계 1인자인 유튜브와 차별된 서비스를 제공하려 했고, 경쟁 플랫폼과 다른 경영 방침을 내세워 세계 유명 게이머들과 게임 유저들을 빠르게 유인했다. 예를 들면 스트리머에게 80~90%의 높은 수익률을 보장해주었고, 경쟁 플랫폼의 유명 방송인들이 자연스럽게 트위치로 이동했다. 그 결과 2012년 평균 접속자수 10만 명에서 2020년 144만 명으로 크게 증가했다. 2016년에는 한국 시장에 진출하면서 오프라인 스튜디오에 투자를 했고, 한국 e스포츠 대회 중계 사업도 사업을 확장하면서 2020년 기준 국내 실시간 시청자가 26만 명으로 늘었다. 이는 아프리카TV의 28만 명을 기록을 위협할 만한 수치이다.

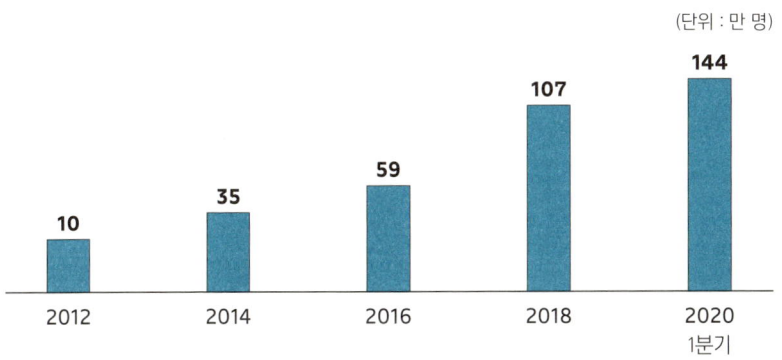

◦ 트위치 평균 동시 접속자

출처 : 이혁기, 2020.09.10

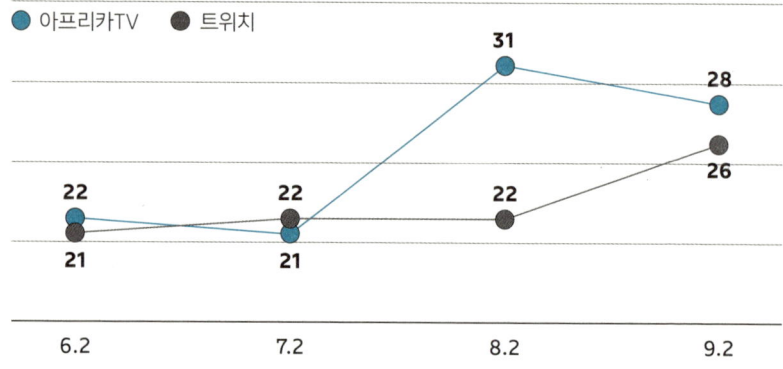

◦ 국내 트위치 아프리카 실시간 시청자 추이

출처 : 이혁기. 2020.09.10

　트위치는 게임 콘텐츠 이용자들을 위한 소셜 비디오 서비스 및 커뮤니티로 스트리머들은 채널을 개설하여 무료로 라이브 방송할 수 있고, 이용자들은 게임과 관련된 다양한 주제를 자유롭게 공유할 수 있다.[19] 트위치는 최근 e스포츠 대회, 개인 플레이어 스트리밍, 게임 관련 토크쇼, 라이브 공연, 라디오 쇼와 음악 제작 활동 등 다양한 콘텐츠 플랫폼으로 서비스를 확대하고 있다. 2012년부터 리그오브레전드 월드챔피언십의 공식 방송사이며, 라이엇게임즈가 주관하는 다른 리그오브레전드 토너먼트도 주관하고 있다. 도타2의 첫 번째 대회인 '더 인터내셔널'은 2013년부터 트위치에서 라이브 스트리밍을 했고, 2016년부터 사이오닉스가 주관하는 로켓 리그 토너먼트를 방송하고 있다. 블리자드 엔터테인먼트는 2017년 6월 트위치와 블리자드 e스포츠 대회 단독 스트리밍 방송사로 2년 계약을 체결했으며, 트위치프라임에 가입한 시청자들은 다양한 블리자드 게임에서 특별한 보상을 받기도 했다. 하지만 블리자드는 2020년에 경쟁 플랫폼 유튜브와 방송 계약을 맺었다. 그 밖에도 트위치는 포트나이트와 NBA2K 리그 등 다양한 비디오 게임 및 스포츠 라이브 스트리밍을 시도하고 했다.

◦ 트위치 홈페이지

출처 : 트위치

이용자가 트위치 내의 채널을 구독하기 위해서는 구독료를 지불해야 하는데, 구독할 수 있는 채널의 수 및 기간, 제공 서비스 등의 범위에 따라 가격이 다르며, 4.99달러, 9.99달러, 24.99달러, 트위치프라임 무료 정기구독 등 상품으로 구성되어 있다. 구독료의 수익은 트위치와 스트리머가 50:50으로 배분하여 후원금 외에도 스트리머에게 수익이 발생하도록 했는데, 트위치는 스트리머가 부담해야할 후원금 수수료도 타서비스에 비해 낮아 스트리머에게 보다 유리한 정책을 지향하는 것으로 잘 알려져 있다. 트위치에서는 인기 스트리머의 스타성도 매우 중요하지만 스트리머를 구독하고 지지하는 이용자 그룹 내의 결속력, 팬 커뮤니티와 스트리머 간 유내김 등 스드리미외 구독지

간의 관계를 더욱 중시하는 문화가 있다. 이러한 관계형성을 중요시하는 접근은 수익의 안정성을 뒷받침하고 고객을 위한 서비스 구조를 단단하게 하게 만드는 핵심 성공전략이다(이선희. 2019. 46쪽).

트위치 스트리머의 주요 수익 구조

출처 : 이선희. 2019. 46쪽

채널 정기구독	· 시청자가 지불한 정기구독료($4.99, $9.99, $24.99, 트위치프라임 - 무료 정기구독 등)의 수익 배분
비트	· 비트는 후원금의 형태로 띄며, 시청자가 채널에서 응원을 보낼 때 사용한 일종의 가상 화폐임 · 비트당 1센트에 해당하는 금액을 해당 채널의 스트리머에게 수익으로 지급
광고	· 스트리머의 채널에서 재생된 광고를 통해 발생한 수익의 일부를 지급 ※ 스트리머는 대시보드에서 중간 광고의 길이나 빈도와 관련된 설정을 변경 가능
바운티 보드	- 트위치 스트리머들이 특정 스폰서와 연결되어 직접 유료 후원 기회를 얻는 방법 ※ 해당 서비스는 지난 2018년 미국에서 바운티 보드 출범 이후, 캐나다, 영국, 독일, 프랑스 등의 국가에 한하고 있음

◦ 트위치 구독 화면

출처 : 트위치

18 스트리밍 플랫폼의 게임방송 총 시청시간 비중을 보면 2019년 트위치가 72.2%로 1위, 유튜브 19.5%, 페이스북 게이밍 5.3%, 믹서 3.0%였다. 2020년에도 순위는 변하지 않았지만 비중에서 변동이 있었는데 트위치가 67.6%로 1위, 유튜브 20.0%, 페이스북 게이밍 11.0%, 믹서 1.4%였다(이혁기. 2020.09.10).

19 만 14세 이하의 어린이는 트위치 서비스를 이용할 수 없으며, 14세 이상 18세 미만의 미성년자는 부모 또는 그 밖의 이용약관 순수에 농의하는 법성후건인의 킴독 또는 허기 하에 시비스를 이용할 수 있다.

토론거리

❶ e스포츠 시청 문화는 왜 변하고 있을까?

❷ e스포츠 경기를 직접 관람하는 것과 시청하는 것은 어떤 차이가 있을까?

❸ e스포츠 경기 중계는 전통 스포츠 경기 중계와 다를까?

❹ 트위치의 게임 방송 패권은 영원할 수 있을까?

❺ 게임 콘텐츠 크리에이터들은 e스포츠를 어떻게 해석하고 있을까?

읽을거리, 볼거리

❶ 박형태. 박형택의 콘텐츠 이야기, MOBA 게임의 역사전략 게임과 RPG 게임의 절묘한 만남. MOBA 게임의 역사(게임의 장르 Part 04). GAMEVU. 2018.06.04

❷ 이동원. [기획] 이쯤에서 짚어보는 AOS의 거의 모든 역사. Inven. 2011.07.08

❸ 리그오브레전드 초보자용어사전

❹ Researching esports & streaming trends

❺ 트위치트래커. TWITCH VIEWERS STATISTICS

❶ ❷ ❸ ❹ ❺

참고자료

이선희. 게임관련 온라인 개인 방송 시장 동향과 트위치(Twitch) 사업자 전략. 정보통신정책연구원. 동향 제31권 7호 통권690. 2019

이혁기. 트위치는 어떻게 유튜브를 넘었나. 더스쿠프. 2020.09.10

오시영. 코로나19로 e스포츠 15개 평균 시청률 114%↑. 2020.07.08

연합뉴스. 아시아 e스포츠 팬 5억명 돌파…"한국, 여전히 잠재력 큰 시장". 2020.08.05

최은경. [최은경의 시선] e스포츠가 보여준 4차 산업혁명의 미래. 데일리e스포츠. 2020.09.11

최은경. e스포츠, 체육 종목화 이후 남은 과제는?. 서울스포츠. 2022.07·08.36-37쪽

한국콘텐츠진흥원. 2021. 2021 대한민국 게임백서

Newzoo. Global Esports & Live Streaming Market Report. 2022

Nick Statt. Mobile gaming will surpass $100 billion this year. protocol. 2022.05.05

Parry, J. 2019. E-sports are not Sports. Srpot, Ethics and Philosophy, 13(1), 3-18

Statista. 2022. eSports audience size worldwide from 2020 to 2025, by type of viewers

트위치. twitch.com

메모하기

메모하기

메모하기

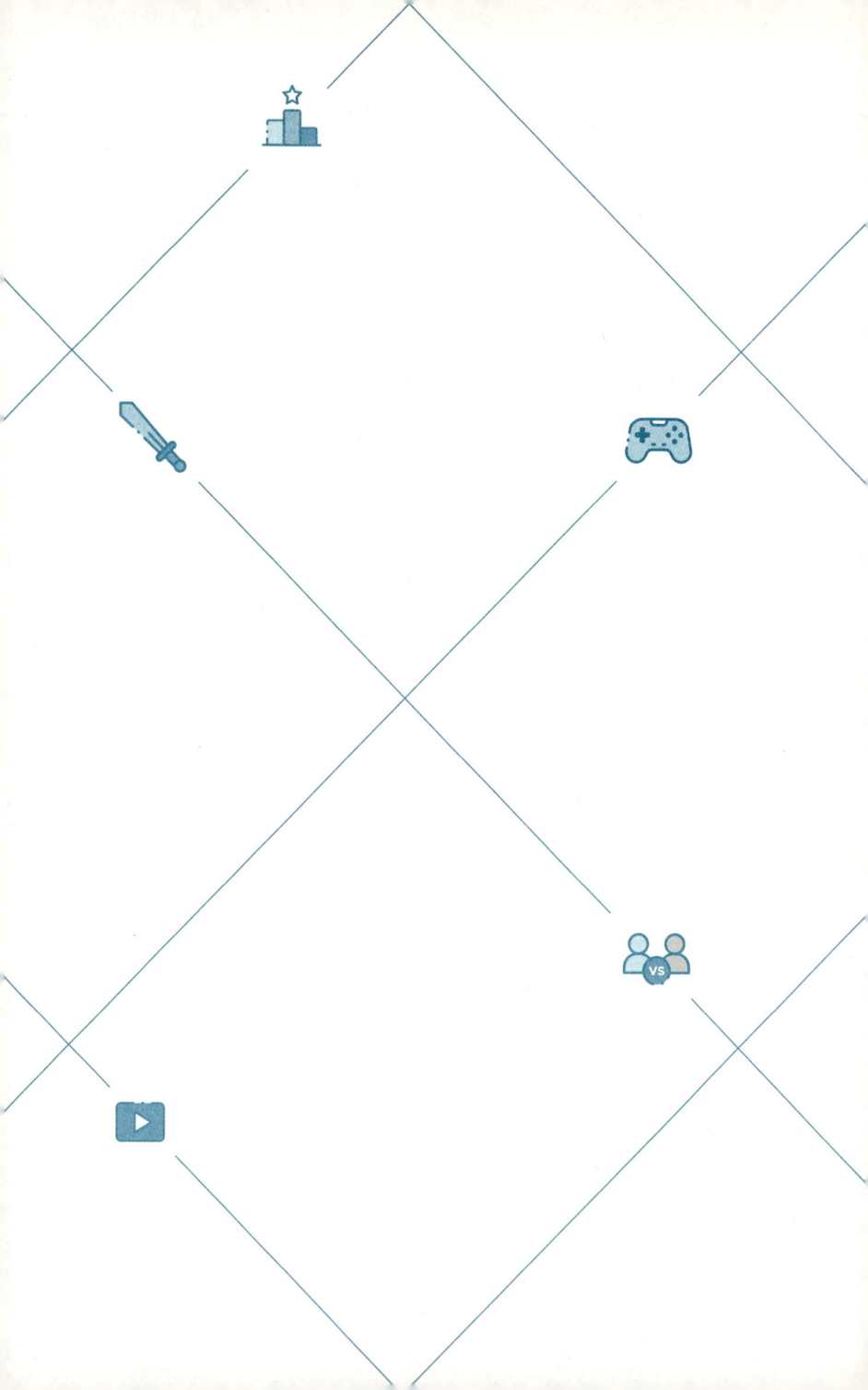

CREATE

e스포츠인, 스스로 방송하다

피플 PEOPLE
방송인들 BROADCASTERS
비제이, 유튜버, 스트리머 BJ, YOUTUBER, STREAMER
인플루언서 INFLUENCER

피플 PEOPLE

　20년 만에 e스포츠의 경제적 가치는 몰라보게 성장했다. e스포츠 산업은 4차산업 시대에 적확한 만큼 잠재적 성장 가치와 기대도 그 어떤 산업보다 높다. PC통신에서부터 PC방과 스마트폰까지 인터넷과 디지털 장비에 뜨겁게 열광한 젊은 세대들은 상전벽해의 주역이자 e스포츠인(人)들이다.

　e스포츠인들에는 프로게이머들과 이들이 경기에 최선을 다할 수 있도록 구성된 조직에 소속된 감독, 코치, 매니저, 구단주, 전문 경기 분석가, 지원 매니저, 미디어 매니저 등이 있다. 그리고 팀과 대중을 연결해주는 캐스터, 진행자, 해설자, 통역가, 중계 카메라맨, 방송 엔지니어, 콘텐츠 창작자, 옵저버라는 직업으로 설명할 수 있다. 뿐만 아니라 e스포츠 산업이 주류 전통 스포츠 엔터테인먼트 시장을 위협할 만큼 빠르게 성장하면서, 다양한 종목의 국내외 대회 활성화를 위한 전문가들, 이를테면 e스포츠 심판, 경기 운영 및 경기장 관리자, 마케팅, 판촉·프로모션, PR, 광고, 협찬 및 후원 업무 전문가, 변호사, 회계사, 에이전시 등 다양한 분야에서 활동하는 전문가들도 있다.

　e스포츠인은 협의적 수준에서는 e스포츠 선수와 전문 직업인들로 볼 수 있지만, 광의적으로는 e스포츠를 좋아하고 적극적으로 참여하는 유저부터 선수 지망생 그리고 관련 분야 예비 전문가들까지 포함한다. 또한 메타버스, 블록체인, 인공지능, 가상현실, 실감 미디어 등 다양한 미래 기술과 접목해 성장하고 있기 때문에 e스포츠 인재들이 필요한 영역이기도 하다.

　그런데 e스포츠인의 기대 가치가 올라가는 것에 비해 이들의 품격에 대해서는 우리 사회가 진지하게 논의하지 못하고 있다. e스포츠 내외의 공정성과 스포츠 정신에 위배되는 행위들(대리게임, 도핑, 트롤, 어뷰징, 탈주 등)에 대해서는 강력하게 규제하고 제재하는 것을 당연하다고 생각한다. 그러나 정작 e스포츠인에게 필요한 인성과 태도, 페어 플레이 정신과 이타심, 공인으로서의 사회적 책임과 디지털 시민 의식에 대한 교육과 소통 방식에 대해서는 아쉽게도 관심이 낮다.

MZ세대와 알파세대들은 e스포츠인으로 살거나 e스포츠인들과 함께 사는 세상을 맞이했다. 이들의 창의적이고 혁신적 태도가 e스포츠를 어떻게 키워갈지 궁금하지 않을 수 없다. 기성세대는 지금껏 e스포츠의 경제적 가치를 증명하고 확인했으니, 이제는 이들과 함께 e스포츠인의 품격에 대해 진지하고 솔직하게 소통을 시작해야 할 것이다(최은경. 2022.02.14).

방송인들 BROADCASTERS

e스포츠의 발전에서 게임 전문 방송사, 특히 전문 방송인들의 역할을 빼놓을 수 없다. 당시 많은 리그와 대회에 출연한 캐스터, 해설위원, 아나운서들은 현재 e스포츠 현장에서도 만날 수 있는데, 대표적인 인물이 전용준 캐스터이다. iTV경인방송에서 스포츠와 게임 캐스터로 방송을 시작해 MBC, SBS, KBS, OGN, tvN, JTBC 등 현재까지 활발히 활동을 한다. 특히 1990년대 스타크래프트와 2010년대의 리그오브레전드까지 전문 캐스터로 활동한 만큼 e스포츠 종목의 변화와 시대적 흐름을 잘 읽어낸 대표적인 1세대 e스포츠 방송인이라 할 수 있다(김병호. 2015.08.27).

게임방송 채널에서 활약한 정소림 아나운서 역시 iTV경인방송에서 방송을 시작해 온게임넷, SPOTV 등 e스포츠가 형성되고 도약할 때까지 많은 대회에서 활약을 했다. 20년 동안 다양한 종목을 섭렵한 베테랑 캐스터로, 선수부터 코치, 감독, 방송인들까지 남성들이 많은 e스포츠에서 젠더에 대한 편견을 넘어 실력으로 시청자들과 소통하려 했다는 평가를 받고 있다(이한빛. 2018.05.25).

스타크래프트가 국내에서 크게 주목받고 있을 당시 현장에 있었던 엄재경 해설은 만화 작가 출신으로 1세대 e스포츠 해설자이자 e스포츠의 개척자 중 한 명으로 잘 알려져있다. 일반적으로 스포츠 중계 해설가는 방송에서 아나운서를 도와 경기 진행 흐름을 파악하고 내용을 분석하고 풀어주는 역할을 하는데, e스포츠의 경우 전통 스포츠에 비해 종목과 규칙에 대한 정보가 가변적이고 선수에 대한 새로운 정보가 많다 보니 e스포츠 해실이라는 직업에 대한 부담이 컸을 수 있다. 특히 전통 스포츠의 경우, 해설자는 선수, 감독, 심판, 협회 임원, 기자 같은 관련 업계에서 오래 종사했던 사람들이 하는 관행이 있는데, e스포츠가 최초로 중계되기 시작하던 시기에는 이런 경력직 인력들이 없었다. 그런 배경에서 1세대 방송 해설자들의 역할은 e스포츠가 스포츠 경기로 많은 사람들이 즐길 수 있도록 하는 가교역할을 제대로 했다고 볼 수 있다(박경호·곽재순. 2019.06.04).

iTV경인방송 출신의 e스포츠 인기 캐스터인 성승헌 아나운서는 LCK, KSL, EACC, 카트라이더 리그 뿐만 아니라 UFC, 레이싱 중계와 던파 페스티벌 MC자리까지 다양한 분야에서 활약하고 있다. 역동적이고 다양한 개성이 적극적으로 어필하면서 1세대 방송인들과 차별화되고 있다(홍승한. 2019.11.12).

리그오브레전드를 10년 가까이 해설한 김동준 해설가 역시 e스포츠 현장을 종횡무진했던 방송인이다. 대회 중계 외에도 다양한 파생 프로그램에 출연했는데, 2022년 MSI 이후 LCK 공식 중계에서 돌연 하차를 선언하고 아프리카TV에서 중계되는 LPL 중계에 합류했다(김홍제. 2022.06.17).

e스포츠 방송인들은 선수와 팬을 연결시키고 대중이 경기를 이해하고 즐길 수 있도록 소통의 중간자 역할을 하고 있다. 그런데 일부 방송인 중에는 확인되지 않거나 잘못된 정보를 사실처럼 전달하거나, 경기 중 선수를 모욕하고, 비속어를 의도적으로 사용하거나, 선수와 종목 및 경기에 대한 지식이 부족한 경우 팬들과 시청자들로부터 외면을 당하고 퇴출되기도 했다. 때문에 e스포츠 내 전문 방송인 양성 교육은 e스포츠 산업이 성장할수록 더욱 필요할 것으로 보인다.

비제이, 유튜버, 스트리머
BJ, YOUTUBER, STREAMER

20세기를 대표했던 매스 미디어, TV와 라디오 방송은 다수에게 정보를 전달하기 위해 전문적인 기술과 포맷, 검증된 방송인으로 구성하여 방송 프로그램을 제공했다. 위성과 인터넷 기술의 발전으로 케이블TV, 위성, IPTV 등 기존 방송 플랫폼은 다양한 온라인 동영상 및 오디오 제공 플랫폼(OTT: Over-the-Top)을 통해 실시간 혹은 VOD(Video on demand) 형태로 제공되고 있다. 예컨대 방송사의 편성 스케줄에 따라 방송 콘텐츠를 접할 수 있었던 시청자들은 인터넷 이용자가 되어 유튜브, 팟캐스트 등 OTT 서비스를 통해 방송사에서 제공하는 프로그램뿐 아니라 비전문가인 이용자가 만든 다양한 콘텐츠를 쉽게 접할 수 있게 되었다. 2000년대 중·후반부터 사용자가 직접 제작한 미디어 콘텐츠(특히 영상) 형태인 UCC(User Created Contents) 혹은 UGC(User Generated Contents)는 온라인 동영상 스트리밍 채널을 통해 실시간으로 방송되면서 장르와 형태가 다양해졌다. 온라인에서 개인 방송(1인 방송)을 하는 사람, 영상/음성 콘텐츠 창작자들은 서비스에 따라 크리에이터(Creator), 스트리머(Streamer) 등으로 불리는데, 이들은 온라인 방송 플랫폼을 통한 광고, 후원금 등으로 수익을 창출한다.

온라인 개인 방송의 규모가 커지고 크리에이터 수가 증가하면서 크리에이터간 경쟁도 심화되었다. 이로 인해 전문 방송 장비의 도입, 수준 높은 혹은 기발한 기획력을 통한 소재의 다양성, 흥미성, 화제성을 갖춘 콘텐츠가 생산되고 있다. 온라인 개인 방송 서비스로는 유튜브(YouTube), 트위치(Twitch), 국내 서비스인 아프리카TV 등이 있으며, 이들은 방송 프로그램의 형태에서 벗어나 콘텐츠 내용의 비전문성과 전문성의 경계를 넘나들며 먹방, 뷰티, 게임 등 다양한 소재에 대한 타인의 의견, 행위 등을 관찰하게 하는 시청 행태로의 변화를 이끌었다.

1) 아프리카TV와 게임 BJ

아프리카TV는 기본 팬덤층인 10~20대뿐만 아니라 주식, 아이온, 리니지 등을 선호하는 30~40대를 위한 콘텐츠도 있다. 일일 인기 콘텐츠 1위가 스타(스타크래프트)이며 다음으로 토크/캠방, LoL, 암호화폐, 여행 등이 있다. 그 밖에 주식, TFT 등이 순위에 있는데, 최근 코로나19 이후 세계 경제가 물가 상승과 경기 후퇴를 동시에 보여주는 스태그플레이션(stagflation)으로 불안한 것이 반영된 듯 하다. 주간 인기 콘텐츠 1순위로는 토크/캠방 등 소통적인 방송이 많은 부분을 차지하고 있으며, 다음으로 암호화폐, 스타(스타크래프트), 음악 스트리밍 그리고 LoL이다. 아프리카TV는 자체적으로 ASL(Afreeca Starcraft League)이라는 리그도 운영하고 있기 때문에 스타크래프트가 많은 시청시간을 차지하고 있다.

◦ **아프리카 TOP 카테고리** (검색일 : 2022년 6월 18일)

출처 : http://rank.afreehp.kr/rank?sub=category

순위	일일 TOP 카테고리	시청시간	순위	주간 TOP 카테고리	시청시간
1	스타 평균시청자: 307 / 최고시청자: 3,046	3,997 전체의 20.15%	1	토크/캠방 평균시청자: 185 / 최고시청자: 11,048	77,000 전체의 33.45%
2	토크/캠방 평균시청자: 88 / 최고시청자: 544	3,619 전체의 18.24%	2	양호화배 평균시청자: 203 / 최고시청자: 2,587	27,760 전체의 12.06%
3	LoL 평균시청자: 168 / 최고시청자: 1,796	2,205 전체의 11.12%	3	스타 평균시청자: 169 / 최고시청자: 65,832	19,900 전체의 8.65%
4	양호화배 평균시청자: 175 / 최고시청자: 1,430	2,007 전체의 10.12%	4	음악 스트리밍 평균시청자: 96 / 최고시청자: 1,403	17,416 전체의 7.57%
5	여캠 평균시청자: 126 / 최고시청자: 923	1,433 전체의 7.22%	5	LoL 평균시청자: 122 / 최고시청자: 16,464	15,660 전체의 6.80%
6	음악 스트리밍 평균시청자: 105 / 최고시청자: 1,131	1,314 전체의 6.62%	6	주식 평균시청자: 135 / 최고시청자: 1,099	10,215 전체의 4.44%
7	주식 평균시청자: 106 / 최고시청자: 508	1,182 전체의 5.96%	7	여캠 평균시청자: 101 / 최고시청자: 1,122	9,194 전체의 3.99%
8	TFT 평균시청자: 104 / 최고시청자: 565	555 전체의 2.80%	8	 평균시청자: 56 / 최고시청자: 1,685	6,245 전체의 2.71%
9	연합뉴스 평균시청자: 145 / 최고시청자: 629	507 전체의 2.56%	9	드래곤볼Z 평균시청자: 118 / 최고시청자: 577	5,670 전체의 2.46%
10	드래곤볼Z 평균시청자: 136 / 최고시청자: 346	339 전체의 1.71%	10	배틀그라운드 평균시청자: 14 / 최고시청자: 357	4,812 전체의 2.09%

아프리카TV는 인터넷 게임 방송에서는 독보적 사이트이지만, 여러 문제를 발생하면서 여러 BJ(Broadcasting Jockey)들이 타 플랫폼으로 이동하기도 하였다.

2015년 9월 초등학생 BJ가 진행하는 댄스방송에서 일부 시청자들은 BJ에게 음담패설을 하거나 선정적인 요구를 하는 등 초등학생에게 하지 말아야 할 채팅을 하여 해당 BJ가 허리를 드러내는 춤을 추는 사태가 발생하였다. 이 일이 문제가 되어 아프리카TV는 14세 미만 이용자들의 방송 송출을 금지시켰으며, 방송을 하고 싶었던 학생들은 트위치, 유튜브 등으로 옮겨갔다.

또한 2016년 당시 아프리카TV에서 BJ로 활동 중이던 대도서관은 게임 광고방송을 하며 일본 성인 잡지 모델인 시노자키 아이를 게스트로 초청해 방송을 진행했다. 아프리카TV는 게스트 출연에 대해 사전에 알리지 않았다는 이유로 대도서관과 윰댕에게 방송정지 7일을 처분했다. 이에 대도서관은 갑

질이라며 아프리카TV를 떠났다. 대도서관의 플랫폼 이동 이후, 많은 거물급 BJ가 아프리카TV의 부조리 등을 말하며 트위치나 유투브로 전향했다(최희선. 2016.10.15).

2) 트위치와 게임 스트리머

트위치는 아프리카TV와는 다르게 게임 콘텐츠가 많으며 평균 나이 분포는 10~30대로, 40대는 간간히 보이는 정도이다. 외국 시청자도 있기에 한국에서 유명한 게임뿐만 아니라 외국에서 유명한 게임 방송도 많다. 트위치의 연간 인기 콘텐츠를 보면 단순 채팅(Just Chatting)가 1위이고 다음으로 리그오브레전드가 인기가 많다.

◦ **트위치TOP 카테고리 (검색일 : 2022년 6월 18일)**
출처 : https://sullygnome.com/games/365/watched

	Game	Watch time (hours)		Stream time (hours)		Peak viewers		Peak channels		Streamers	
1	Just Chatting	3,048,257,212	(9.4%) ▲	36,547,719	(-0.6%) ▼	2,309,986	(-17.1%) ▼	9,879	(-25.8%) ▼	2,620,964	(27.2%) ▲
2	League of Legends	1,655,940,677	(-5.6%) ▼	31,834,779	(-23.6%) ▼	3,087,270	(52.8%) ▲	8,924	(-23.1%) ▼	1,082,794	(-6.9%) ▼
3	Grand Theft Auto V	1,566,913,147	(9.1%) ▲	24,084,630	(8.9%) ▲	602,172	(-47.9%) ▼	6,237	(-11.4%) ▼	1,337,083	(23.7%) ▲
4	VALORANT	1,085,396,767	(-42.9%) ▼	39,254,434	(13.9%) ▲	1,047,665	(3.7%) ▲	2,721	(0.3%) ▲	3,588,014	(19.4%) ▲
5	Fortnite	770,697,329	(-32.8%) ▼	49,334,249	(-38.3%) ▼	1,270,408	(-19.3%) ▼	80,824	(-31.8%) ▼	3,430,858	(4.4%) ▲
6	Apex Legends	769,074,652	(56.0%) ▲	44,165,232	(23.3%) ▲	559,133	(49.5%) ▲	13,376	(-14.3%) ▼	1,804,732	(42.1%) ▲
7	Counter-Strike: Global Offensive	740,650,183	(2.0%) ▲	11,335,704	(-29.1%) ▼	1,933,313	(210.8%) ▲	2,623	(-38.8%) ▼	707,871	(-15.0%) ▼
8	Minecraft	605,741,232	(-25.1%) ▼	23,766,931	(-24.6%) ▼	2,189,681	(125.0%) ▲	6,323	(-36.1%) ▼	2,112,102	(-0.6%) ▼
9	Call of Duty: Warzone	557,652,219	(-42.3%) ▼	27,301,239	(-49.0%) ▼	748,730	(-54.8%) ▼	13,990	(-55.6%) ▼	854,325	(-48.2%) ▼
10	Dota 2	542,413,684	(6.6%) ▲	7,975,467	(6.1%) ▲	1,690,708	(345.1%) ▲	2,353	(30%) ▲	207,528	(32.7%) ▲

트위치 코리아는 2017년 뷰봇[20]을 사용했다고 판단된 채널 운영자의 계정

을 영구정지 처분했는데, 계정을 일방적으로 폐쇄함에 있어서 확인 절차가 적합했는가를 두고 논란이 많았다. 그 밖에도 2020년 저작권이 있는 노래를 다시보기, 클립(하이라이트) 등으로 남겼을 때 3번 이상 신고가 누적이 되면 영구정지를 하겠다라는 내용을 발표하였다. 이는 저작권이 있는 가요, 팝송, 랩 등 노래를 개인방송 송출할 수 없다는 통보로, 시행 일주일 전 발표한 일방적 규정이라 많은 스트리머들부터 비판을 받았다.

---

20 뷰봇이란 인터넷 방송에서 시청자 수와 팔로우 수 등 조회수를 높이기 위해 사용하는 프로그램이다.

인플루언서 INFLUENCER

e스포츠는 본래 게임에서 시작됐기 때문에 콘솔, PC, 모바일 게임 유저부터 다양한 장르와 종목의 게임을 하는 누구라도 접하고 경험할 수 있다. 최근에는 인기 코미디언, 웹툰 작가, 방송인, 가수 등 게임을 좋아하는 연예인들이 게임방송을 하면서 활동 영역을 넓혀가고 있다. 특히 소셜미디어와 온라인 기반 동영상 플랫폼의 성장 그리고 빠른 스마트폰 보급으로 게임을 플레이(play)하고, 보는(watch) 것이 쉽고 간편해 졌기 때문에 적극적으로 스스로 방송을 하기 시작하는 세대와 직업군이 급증하고 있는 것이다. 적극적으로 자신의 취향, 취미, 의견을 대중에게 알리면서 사회적으로 영향력을 갖게 되는 인플루언서(influencer)들은 e스포츠에서도 주목할 수 밖에 없다.

웹툰 작가로 잘 알려진 이말년(닉네임 침착맨)은 2014년부터 개인방송을 시작해, 토크와 게임 방송을 진행하고 있다. 트위치와 유튜브에서 방송을 하는데, 트위치는 팔로워가 66.9만 명이다. 166만 명 구독자가 있는 유튜브 채널에서는 매일 저녁 7시에 영상을 업로드하면서 팬들과 소통하고 있다. 팬들이 보낸 선물을 뜯어 보이거나, 상담, 토크, 게임, 먹방 등 다양한 콘텐츠를 만들고 있다.

코미디언 김기열(닉네임, 기열킹)은 2017년부터 개인방송을 시작했는데 주로 게임하는 것을 방송했는데, 그 중에서 배틀그라운드를 주 컨텐츠로 트위치와 유튜브에서 방송하고 있다.

남성아이돌 그룹 슈퍼주니어의 멤버이며 가수 겸 방송인인 김희철은 방송에 게임하는 모습을 많이 노출하면서 게임을 즐기는 연예인이란 이미지를 얻었는데, 게이머에 가까운 실력을 자랑하면서 트위치와 유튜브에서 개인 게임 방송을 진행했다.

가수이자 방송인 하하(본명. 하동훈)는 과거 게임을 한 번도 배워본 적이 없었는데, 최근 리그오브레전드를 플레이하는 게임 방송을 트위치와 유튜브에서 하고 있다.

롤과 피파를 주로 방송하는 감스트는 아프리카TV에서 활동을 하면서도 2018년 MBC 방송연예대상 신인상을 받을 만큼 인지도가 높은 BJ이다. 개인 축구 방송에 대한 인기가 많아지면서, 아프리카TV와 유튜브 채널을 통해 스포츠, 여행, 먹방 등 다양한 콘텐츠 방송을 하고 있다.

유명인들은 게임을 하면서 실시간으로 팬들과 소통할 수 있다는 장점이 있다 보니, 동영상 플랫폼을 동시에 여러개 운영하고 있다. 이들은 방송이 아닌 온라인 공간에서 생활 밀착형 소식을 나누면서 팬들과 친밀도를 높이는 등 다양한 방식으로 영향을 주고 받는다.

인플루언서	플랫폼	주소
침착맨	트위치	twitch.tv/zilioner
침착맨	유튜브	youtube.com/user/zilioner83
김기열	트위치	twitch.tv/kiyulking
김기열	유튜브	youtube.com/c/김기열
김희철	트위치	twitch.tv/heewitch
김희철	유튜브	youtube.com/c/HEEtube
하하	트위치	twitch.tv/quanhaha79

하하	유튜브	youtube.com/c/하하PDHAHAPD
감스트	아프리카TV	bj.afreecatv.com/devil0108
감스트	유튜브	youtube.com/channel/UCbFzvzDu17eDZ3RIeaLRswQ

인플루언서들 중에는 재미나 취미활동으로 게임을 하거나, 게임 방송 채널을 대중과 소통하는 도구로 사용하다 보니는 게임에 대한 전문성이 부족하거나, 지속 가능한 게임 전문 방송 콘텐츠가 꾸준히 업데이트되지 못하는 경우가 있다. 또한 라이브 방송의 경우, 인플루언서들의 말과 행동이 있는 그대로 대중에게 전달되다 보니 대중으로부터 공감을 얻지 못하거나, 공분을 사는 사건이 발생되고 있다.

토론거리

❶ e스포츠 전문가는 어떻게 길러지는가?

❷ e스포츠 방송 전문가는 어떻게 양성되는가?

❸ 게임 BJ, 유튜버, 스트리머는 어떻게 다른가?

❹ 인기 게임 스트리머들의 장점은 무엇인가?

❺ 왜 e스포츠 인플루언서들이 늘고 있는가?

읽을거리, 볼거리

❶ 스타1 마지막 스타리그 전용준 캐스터 멘트

❷ 2014년 김캐리 해설자의 진행 중 욕설 [하스스톤 한중마스터즈]

❸ 아프리카 TV가이드라인

❹ 트위치 가이드라인

❶　　　　❷　　　　❸　　　　❹

참고자료

김병호. [게임&피플] 역사의 산증인 전용준 캐스터! e스포츠를 말하다. 인벤. 2015.08.27

김홍제. 떠나는 김동준 해설위원이 그리운 이유. 디스이즈게임. 2022.06.17

박경호·곽재순. "스타 해설 복귀?" 엄재경이 전하는 #엄전김 #블랙리스트 #게임중독[응답하라! 스타크] (+SS영상). 스포츠서울. 2019.06.04

이선희. 게임관련 온라인 개인 방송 시장 동향과 트위치(Twitch) 사업자 전략. 정보통신정책연구원. 동향 제31권 7호 통권690. 2019

이한빛. [이한빛의 티타임] 정소림 캐스터, 게임 캐스터로 걸어온 19년의 발자취. 포모스. 2018.05.25

최은경. [최은경의 e스포츠2] MZ세대와 e스포츠人의 가치와 품격. 한경닷컴 게임톡. 2022.02.14

최희선. 아프리카BJ 대도서관, 시노자키 아이 출연으로 방송 정지? "갑질 도 넘어"…'무슨 일'. 뉴스인사이드. 2016.10.15

홍승한. e-스포츠의 목소리, 성승헌 캐스터 인터뷰 – KeSPA 대학생 리더스. 한국e스포츠협회. 2019.11.12

Taylor, T.L. 2018. Watch Me Play: Twitch and the Rise of Game Live Streaming

메모하기

메모하기

메모하기

CONSUME

e스포츠, 비즈니스를 하다

컨슈머리즘 CONSUMERIZM
커머디피케이션 COMMODIFICATION
마케팅 케이스 MARKETING CASES

컨슈머리즘 CONSUMERIZM

　온라인 게임 이용자들은 디지털 영상 기기 사용에 능숙할 뿐 아니라 익명이 보장된 공간에서 자유롭게 글과 이미지 또는 줄임말로 소통하는 라이브 채팅 문화에 익숙하다보니, 상대적으로 유행에 민감한 세대이다. 또한 새로운 게임에 빠르게 적응하는 편이며 창의적이고 참신한 인터넷 밈(meme)[21]에도 민감하다. 예를 들어, 게임 유저들 사이 유행어가 된 '고인물'이 국립국어원 우리말샘에 등장했다. 우리말샘에 의하면, 본래 '고인물'은 북한어로 분류되는 농업 분야의 단어로, "지대가 낮은 논밭의 농작물에 해를 줄 정도의 깊이로 빠지지 않고 잠겨 있는 물"을 뜻하며 온라인 게임에서는 "오랫동안 활동하여 그 분야를 통달한 사람"을 이르는 말이라고 한다. 한 게임을 오래한 고수라는 의미도 가지고 있지만, 때로는 특정 게임을 심각하여 좋아하여 그 게임에만 골몰한다는 의미를 담고 있기도 하다. 이런 의미에서 보면, 프로게이머도 고인물에 속한다고 말할 수도 있다.

　2021년도 e스포츠에 대한 인지도 조사 결과에 따르면, 응답자 중 최근 1년 내 e스포츠 방송을 시청한 응답자는 74.4%로 높게 나타났다. 연령별로 볼 때 10대 85.9%, 20대 78.2%, 30대 70.4%, 4/50대 67.5% 순으로 나타났으며, 연령이 낮을수록 1년 내에 e스포츠를 시청한 경험이 있는 비중이 높게 나타났다. 최근 1개월 내에 e스포츠를 시청한 경험이 있는 응답자 중 e스포츠를 시청한 플랫폼으로는 유튜브가 80.1%로 가장 높게 나타났다. 그 다음으로 트위치 35.5%, 네이버 21.5%, 아프리카TV 18.8%, 아프리카TV 케이블채널 15.6% 순으로 높게 나타났다. 연령별로는 30대의 유튜브를 통한 e스포츠 시청이 85.2%로 가장 높게 나타났으며, 두 번째로 40~50대가 84.0%의 비중을 차지하는 것으로 나타났다.

　e스포츠 이미지를 묻는 질문의 긍정응답률(그런편이다/매우 그렇다)은 2019년도 조사에 비하여 전반적으로 상승한 것으로 나타났다. 구체적으로는 '재미가 있다'의 긍정응답률은 63.3%로 가장 높은 비중을 차지하였으며, 19년도 조사 대비 4.1% 증가하였다. 그 다음으로는 '자기 만족이 있다'가 58.5%, '건전하다'가 54.7%, '스트레스 해소에 도움이 된다'가 50.9% 순으로 높게 나타났다. 비록, '스트레스 해소에 도움이 된다'는 19년도 조사 대비 1.4% 미미한 감소를 보였으나, 응답자의 절반 이상은 e스포츠는 재미가 있고, 건전하며, 자기 만족이 있고 스트레스 해소에 도움이 된다고 인식하는 것으로 나타났다.

◦ e스포츠 이미지 긍정응답률

출처 : 한국콘텐츠진흥원(2021. 19쪽)

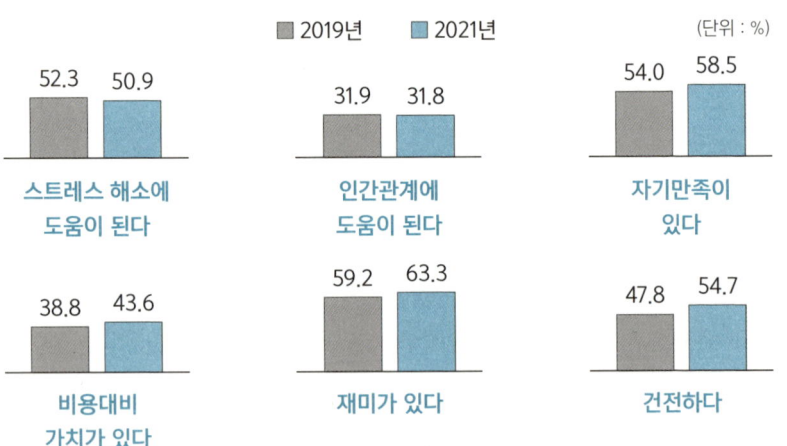

같은 보고서에 의하면, 스트레스 해소에 도움이 된다고 여겨지는 이미지와 잘 어울리는 여가 활동으로는 운동·헬스가 29.3%로 가장 높은 비중을 차지하였다. 그 다음으로는 게임 13.8%, 영화·공연 관람 12.8%, 지인과의 만남 12.3% 순으로 나타났으며 e스포츠 시청·관람은 11.3%인 것으로 나타났다. 즉 e스포츠를 시청·관람하는 것이 스트레스 해소를 위한 일상의 여가 활동과 유사하게 여겨진다고 볼 수 있다.

그런데 비용 대비 가치가 있다고 여겨지는 여가 활동으로는 운동·헬스가 23.2%로 가장 높게 나타났으며, 그 다음으로 독서 15.8%, 영화·공연 관람 15.2% 순이었고, e스포츠 시청 관람은 14.6%로 나타났다. 이것은 스포츠 시청·관람 5.4%보다 약 3배 높은 수치이다.

재미가 있다고 여겨지는 여가 활동으로는 게임이 23.7%로 가장 높게 나타났으며, 그 다음으로 영화·공연 관람 17.7%, e스포츠 시청·관람 17.4%로 나타났다. 연령으로 볼 때 20대가 e스포츠 시청·관람이 재미가 있다는 응답의 비중이 19.8%로 가장 높게 나타났으며 그 다음으로 30대 19.2%, 10대 17.7%, 50대 15.3%인 것으로 나타났다. 20대에게 e스포츠 시청·관람은 게임 다음으로 재미있다고 여겨지는 여가 활동이다.

e스포츠 관련 이슈에 대한 의견의 긍정응답률도 2019년도 조사에 비해 전반적으로 상승한 것으로 나타났다. 'e스포츠도 야구, 축구와 같은 스포츠의 일종이라고 생각한다'의 긍정응답률은 60.7%로 19년도 조사 대비 8.3% 상승하였으며, 'e스포츠의 올림픽 정식 종목화에 찬성한다'의 긍정응답률은 54.4%로, 2019년 조사 대비 9.8% 상승하였다. 'e스포츠는 향후 지속적으로 성장할 것이다'의 긍정응답률은 76.9%로 19년도 조사 대비 6.5% 상승한 것으로 나타났다(한국콘텐츠진흥원. 2021. 186-199쪽).

최근 10~20대를 뜻하는 MZ세대에 대한 관심이 많다. 이들을 설명하는 신조어 중 '미닝아웃(Meaning out)'이란 말이 있다. 소비에 있어서 MZ세대들은 남들을 따라하기 보다는 자신의 취향과 정치적·사회적 신념 등을 소비행위에 적극적으로 표출한다는 뜻에서 생긴 표현이다(임소라. 2020.11.13). MZ세대는 자신이 남들과 달라도 그것이 잘못되었다고 생각하거나 숨기려 하지 않는다. 서로의 '다름'을 인정하고 존중하면서 단점보다 장점을 찾으려고 노력하며, 무엇보다 자기표현에 있어 매우 자유롭고 적극적이다. 라이브 또는 전문 방송 프로그램을 통해 거침없이 일상과 생각을 세상과 소통하는 것에 익숙한 이들은 헌법 21조에 보장된 표현의 자유를 설명해 주지 않아도 어릴때부터 당연한 권리로 알고 자랐다. 하지만 이들이 주로 소통하는 소셜미디어 특히 유튜브는 누구에게나 무한한 경제적 가치와 성장 가능성을 보여주고 있다. 그러나 동전의 양면처럼 끝이 보이지 않을 만큼 거대한 시장에서 끊임없이 생산하고 소비해가며 개인이 자신을 세일즈해야 하는 곳이기도 하다. 어쩌면 이들은 영상 게임과 미디어를 통해 여가 시간을 보내고, 여가를 즐기기 위해 그 공간에서 콘텐츠를 소비하며 존재를 확인하는 것 같다.

---

21 1976년 동물학자 리처드 도킨스가 저서 《이기적 유전자》에서 처음 제시한 학술 용어 밈(meme)에서 파생된 개념으로, 인터넷 밈(Internet Meme) 또는 줄여서 밈(Meme)이란 인터넷에서 시작된 유행으로 커뮤니티 또는 SNS까지 퍼져나간 여러 2차 창작물이나 패러디물을 말한다.

커머디피케이션 COMMODIFICATION

국내 e스포츠 팬들이 가장 많이 플레이하고 시청하고 있는 리그오브레전드에는 스타 프로 선수가 있다. 바로 T1[22]의 이상혁(페이커)이다. 페이커는 국내 뿐만 아니라 미국, 중국, 필리핀을 비롯한 해외에서도 다양한 광고를 촬영했다. 그는 게임, 통신사, 음료수, 과자, 아이스크림, 최근에는 고가의 안마의자까지 다양한 분야의 광고 모델로 활약했는데, 그의 팬들은 2016년 5월 7일 그의 생일에 서울 지하철 3호선 백석역의 2번 출구와 3번 출구 사이에 광고를 걸어 이상혁의 생일을 기념했고, 2019년 5월 7일에는 중국 팬들이 그의 생일을 기념하기 위해 뉴욕 타임스퀘어에 생일 축하 광고를 내기도 했다. 코로나19 중에도 팬들은 페이커의 생일을 축하했는데, 2021년 대만 팬들은 한 달간 버스에 생일 축하 광고를 내기도 했다(안수민. 2021.05.03).

◦ 타임스퀘어, 중국 팬이 게재한 페이커 생일축하 광고

출처 : 서형걸. 2019.05.09

팬들은 능동적으로 즐거움을 추구하기 때문에 스타 또는 스타의 이야기와 관계를 맺고, 그 의미를 전유하며 실천하는 것을 즐거워한다. 팬들은 상품화된 스타의 이미지나 상업적 생산자로서의 스타를 소비할 때도 있지만, 스타와 관계를 맺는 것에 가치를 두는 경향이 있다(마크 더핏. 2016. 249-250쪽). 페이커 선수의 팬들이 그의 생일을 기념하기 위해 축하 광고를 하는 행위는 페이커가 이들에게 관심을 보여주고 있다는 뜻이고, 팬들은 페이커와 자신을 연결시킬 수 있는 매개 즉 광고에 가치를 부여하기 때문에 가능한 일이다.

◦ 트위치 비공식 티원 관전방 사례
출처 : 티원_관전방 (접속일 : 2022년 8월 4일 오전 2:00)

한편, 선수는 경기 현장에서 뿐만 아니라 평소 온라인 개인 방송, 소셜미디어, 신문과 방송 등 다양한 매체를 통해 팬과 소통하다 보니 스스로 셀레브리

티(celebrity) 즉 유명 인사가 되는 경우가 있다. 그렇게 팬들과 소통할 줄 알아야 인기와 인지도가 높아지는데, 문제는 자본주의 상품경제의 발달이 스포츠 산업에도 영향을 미치면서 e스포츠 스타도 상업적 이익을 내야하는 도구로 전락하고 있다는 것이다. e스포츠 스타의 상품화(commodification) 풍조는 그 밖에도 높은 경쟁적 보상구조를 부추겨 스포츠 일탈을 가중시키기도 하며, 승리나 기록에 가치를 과도하게 부여하다 보니 배금주의가 팽배해지고, 비인간화, 승리지상주의로 발전되기도 한다. 결국 스포츠가 가진 고유의 공동체적 가치와 사회문화적 가치는 상실되고 시장논리에 따라 스포츠의 교환가치만 남을 수 있다. 실제 상업주의에 포섭된 스포츠 경기장의 경우 누구나 평등하게 앉아서 경기를 즐길 수 있다는 시민적 정체성이나 공동체 의식이 형성되는 공간 본연의 목적보다 이윤추구를 목표로 한다는 것이다(박성주. 2016).

e스포츠 선수와 팬들은 평등성, 소속감, 시민 정체성과 같은 스포츠의 공동체적 가치와 사회적 의미를 회복해야 하며, 스스로를 사고파는 상품(Commodity)으로 이용되는 것을 경계할 필요가 있다.

---

22 T1은 SK텔레콤이 2004년 창단한 프로게임팀을 기반으로 2019년 글로벌 미디어-엔터테인먼트 기업 美 컴캐스트와 함께 설립한 e스포츠 전문 기업이다. 전세계 1억 명이 즐기는 게임 '리그오브레전드', '포트나이트' 등 10개 팀을 운영하며, e스포츠계 '전설'로 불리는 '페이커'(이상혁) 선수 등 80여 명의 프로게이머를 보유한 세계 최고 인기의 e스포츠 구단 중 하나이나.

마케팅 케이스 MARKETING CASES

 유튜브, 트위치, 아프리카TV 등 실시간 스트리밍이 가능한 플랫폼을 중심으로 게임 인플루언서 영향력이 확대되었고, 이들의 이미지를 활용한 게임 마케팅이 증가함에 따라, e스포츠와 인플루언서의 콜라보 마케팅 사례도 증가하는 추세이다. 최근 국내 은행과 금융사들은 젊은 고객층을 겨냥해 T1과 공동 마케팅을 추진하고 있다. 예를 들면 T1은 서울에 e스포츠 센터를 오픈하면서 팬들에게 개방되는 1층을 개방했는데 은행과 구단이 자산에 기업 브랜드를 노출하는 것이 상당히 새로운 전략이기도 했다.

◦ 인플루언서 '보겸'과 프로게이머 '페이커'의 슈퍼플레이 팝업스토어
출처 : 한국e스포츠협회. 2019.03.24

사례 1 · 인플루언서를 활용한 제품 브랜딩과 구매 유도 캠페인

질레트는 트위치의 커뮤니티 행사 '트위치콘' 참가를 위해 11명의 인플루언서로 구성된 'Gillette Gaming Alliance'를 조직했고, 각 인플루언서가 행사에 참여해 질레트와 관련된 콘텐츠를 생산하고 제품 구매를 유도하는 이벤트를 진행했다. 예를 들면, 행사 부스에서 스트리밍을 통한 제품 홍보 및 BJ 후원에 사용하는 사이버 머니(트위치 비트)로 제품을 구입하도록 했다(P&G. 2019.04.12).

사례 2 · e스포츠 후원을 활용한 자발적 유저 바이럴 유도

로켓리그 게임 대회를 후원하고, 대회 종료 이후에도 후원 내역을 홍보할 수 있는 디지털 캠페인을 연계 진행했다. 유저들이 게임 대회를 후원하는 관련 콘텐츠를 생산하고 홍보하는 이벤트를 진행하여 자발적인 바이럴을 유도했다(메조미디어. 2016.04.25).

사례 3 · 금융권의 e스포츠 상품

❶ KB국민은행

2021년 6월 9일, KB국민은행은 2021 리그오브레전드 챔피언스 코리아(이하 LCK) 서머 스플릿 대회 개막을 기념해 '옐로 룩 이벤트'를 한 달간 진행한다고 밝혔다. KB국민은행은 옐로 룩 이벤트에 참여한 팬 가운데 추첨을 통해 5명에게 리브샌드박스 선수단의 친필 사인 유니폼을, 25명에게는 스타벅스 모바일쿠폰을 증정했고, KB국민은행은 2020년 12월 리그오브레전드 게임단 '샌

드박스게이밍'과 팀 이름 후원 계약을 맺고 5월 카트라이더팀, 피파온라인팀의 팀 이름 후원 계약을 추가로 체결했다(공준호. 2021.06.09).

❷ 우리은행

2021년 6월 9일, 우리은행은 LCK 콘텐츠를 연계해 최고 연 2.0% 금리를 제공하는 '우리 LCK 적금'을 출시했다고 밝혔다. 우리 LCK 적금은 LCK 10개 구단 중 고객이 응원하는 구단을 직접 선택해 가입할 수 있으며, 가입기간은 6개월로 월 납입한도는 최대 30만원, 금리는 기본금리 연 1.0%에 우대금리 연 1.0%를 더해 최고 연 2.0%다. 우대금리는 고객이 선택한 응원구단 성적에 따라 최대 0.7%, 가입고객 수에 따라 최대 0.3%가 제공됐다(이경탁. 2021.06.09).

❸ 신한은행

2022년 5월 23일, 신한은행은 창사이래 최초로 글로벌 e스포츠 구단 DRX와 3년간 메인 스폰서 계약을 체결했다. DRX는 지난 LCK 스프링 정규시즌 4위를 기록한 리그오브레전드팀을 비롯하여 발로란트, 워크래프트, 철권 등 다양한 e스포츠 종목의 선수를 보유하고 있다. 특히 리그오브레전드팀의 원딜러 데프트 김혁규 선수는 페이커 이상혁 선수와 함께 e스포츠 역사를 이끌어 오고 있는 선수다. 마포구 DRX 사옥에서 진행된 이번 협약은 신한캐

피탈에서 운용 중인 신한금융그룹의 디지털 전략적 투자펀드 '원신한 커넥트 신기술 투자조합 1호'의 투자와 같이 진행 되었으며 신한은행은 이 후원을 통해 금융과 게임 관련 분야의 다양한 콘텐츠를 선보일 계획이었다(김한빈. 2022.05.26).

토론거리

❶ e스포츠 미디어 소비자들은 누구인가?

❷ e스포츠 팬의 소비문화는 어떤 것인가?

❸ e스포츠의 소셜미디어 마케팅 전략은 필요할까?

❹ e스포츠 스타의 상품화는 피할 수 있을까?

❺ e스포츠의 글로벌 마케팅 전략은 무엇인가?

읽을거리, 볼거리

❶ 페이커 월드콘 광고

❷ 2020년 와일드 리프트 페이커 광고

❸ Julian Heinz Anton Ströh. 2017. 「The eSports Market and eSports Sponsoring」 Tectum Wissenschaftsverlag

❹ 이승용. 2020. 「e스포츠 마케팅 쪼개기」 북마크

❺ 박성주. 2016. 스포츠상품화의 문제점과 해결방안. 한국체육학회지 제55권 제6호 2016. 11-21

❻ 변혜린. 유승호. 「슈퍼 팬덤의 커뮤니티, 트위치」 북저널리즘. 2019

❶

❷

참고자료

공준호. KB국민은행, 리그오브레전드 게임단 '리브샌드박스' 응원 이벤트. 비지니스 포스트. 2021.06.09
김한빈. 신한은행, 프로게임단 DRX와 3년간 메인 스폰서 계약 체결. 열린통신뉴스. 2022.05.26
마크 더핏 지음. 김수정 외 옮김. <팬덤 이해하기> 한울아카데미. 2016
메조미디어. 2019 e스포츠 디지털 마케팅 트렌드. Insight M. 2019.04.25
박성주. 2016. 스포츠상품화의 문제점과 해결방안. 한국체육학회지 제55권 제6호. 2016. 11-21
서형걸. 중국 팬들이 美 타임스퀘어에 페이커 생일 축하 광고 걸었다. 게임메카. 2019.05.09
안수민. '페이커' 생일 맞아 1달간 대만 버스 광고 장식, Daily eSports, 2021.05.03
이경탁. 우리은행, 'LCK 적금' 출시... '롤' 응원하면 우대금리 1%p 제공. 조선비즈. 2021.06.09
임소라. MZ세대의 '미닝아웃'소비, 화장품부터 자동차까지 가치를 더하다. 아시아경제. 2020.11.13
한국콘텐츠진흥원. 2021. 이스포츠 실태조사
한국e스포츠협회. e스포츠 전문 팝업스토어를 신촌 현대백화점에서 만나다! - KeSPA 대학생 리더스. 2019.03.24
P&G. 질레트 게임 연합, 제1회 트위치콘유럽 참가. NewsWire. 2019.04.12
티원_관전방. https://www.twitch.tv/sktt1fan_

메모하기

메모하기

메모하기

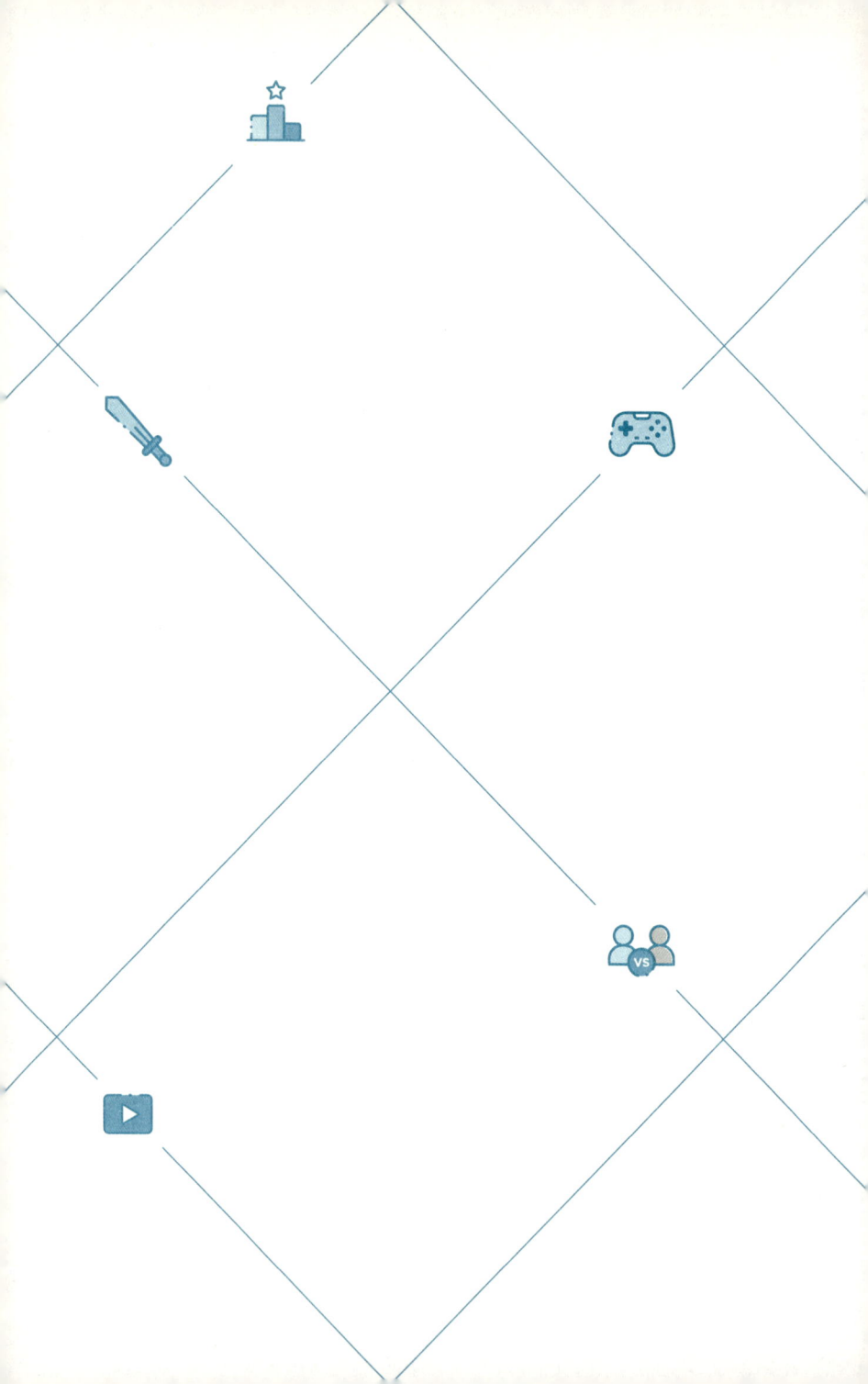

NEXT QUESTIONS

왜 e스포츠인가?

교육 혁명? EDUCATION REVOLTION?
뉴 잡? NEW PROFESSIONALS?
미래제언! FOR FUTURE!

교육 혁명? EDUCATION REVOLTION?

2019년 『e스포츠 20년사』가 발간됐다. 게임물을 매개로 하여 사람 간에 승부를 겨루는 경기, 즉 e스포츠가 국내 게임과 IT 산업의 발전 속에 어떻게 성장했는지 그 화려한 흔적들을 한 눈에 볼 수 있다. 무엇보다 e스포츠 태동기의 국내 환경이 인상적이다. 1990년대 후반 해외에서는 인터넷 서비스를 이용할 수 있는 정도의 인터넷 카페가 생겼지만, 한국에서는 PC방이 등장해 사용자들이 함께 게임을 하며 즐길 수 있는 문화를 만들었다. 또한 PC방이라는 공간은 지금의 e스포츠 리그를 체계화시키는 데 견인차 역할을 했다. 지금도 프로 및 아마추어 e스포츠 대회 예선은 PC방에서 열리고 있어 PC방은 e스포츠인들에게 친숙할 수밖에 없는 건전한 놀이공간이다.

2018년 자카르타-팔렘방에서 열린 아시안게임에서 e스포츠는 시범 종목이 되었고, 2022년 항저우 아시안게임에서 정식종목이 되었다. 2024년 파리 올림픽은 종목 채택을 논의 중이라 한다. 이러한 변화는 e스포츠가 국제 스포츠 대회의 규모와 조건을 갖추어 간다고 해석할 수 있고, 무엇보다 미래 스포츠 팬들이 e스포츠를 원하고 있다는 것을 보여준다. 또한 2019년 6월, 문재인 대통령이 역대 대통령 중 처음으로 e스포츠를 직관하면서 e스포츠의 시대를 긍정적으로 보는 사람들도 늘고 있다. 이러한 변화의 추세는 방송가에서도 볼 수 있다. 예를 들면, 온라인 매체와 비교할 때 보수적인 방송 문화를 선호하던 지상파 방송사들도 최근 인기 토크쇼에 세계 최고의 인기를 자랑하는 페이커 이상혁 선수를 게스트로 초대했고, 아이돌스타 선수권대회, 일명 아육대 프로그램에서도 e스포츠를 도입했다. 이제 e스포츠는 기존 스포츠와 그

규모를 경쟁할 만큼 학교, 직장, 지역사회 등 어디에서나 누구나 즐길 수 있는 레저스포츠로 성장했다.

e스포츠의 글로벌 산업 규모가 빠르게 성장하면서 해외에서는 교육계가 e스포츠를 적극적으로 흡수하고 있다. 2016년 명문대학으로 잘 알려진 미국 캘리포니아주립대학교 어바인캠퍼스(UCI)에 설립된 e스포츠학과와 2018년 영국 스토크온트렌트에 위치한 스태포드셔공립대학에 생긴 e스포츠학과 혼스(Hons) 과정이 대표적이다. 그밖에도 게임, 스포츠, IT, 미디어&커뮤니케이션을 중심으로 학제 간 융합을 시도한 학교들은 e스포츠를 다양한 과목으로 만들어 교육과정에 편입시키고 있다. 이러한 교육계의 변화는 유럽, 남미, 중국, 일본 및 여러 아시아 국가에서 쉽게 찾아 볼 수 있다.

국내 상황은 어떠할까? 우리나라는 세계 최초로 「이스포츠 진흥에 관한 법률(이스포츠법)」을 제정했고, 세계 최고의 기량을 갖춘 e스포츠 선수들을 꾸준히 배출하고 있지만, e스포츠를 교육에 연결하는 일에는 여전히 보수적이다. 아마추어 e스포츠 전국 대회 및 장애인 e스포츠 대회를 십년 넘게 열고 있는 유일한 국가임에도 여전히 e스포츠가 교육적 가치가 있는지 반문하기 일쑤다. 안타깝게도, e스포츠에 대한 교육자들의 부정적 인식 혹은 오래된 편견이 아직은 극복하기 힘든 수준이라 보여진다. 세계보건기구(WHO)가 게임이용장애(Gaming Disorder)를 질병으로 분류하자 e스포츠와 게임 중독을 더욱 구별짓기 싫어하는 이전 세대의 영향이라고 볼 수도 있다. 또는 기성 교육자들에게 e스포츠는 너무 새롭고 빠르며, 복잡하고 어려운 영역으로 보일 수도 있다.

이러한 교육자들의 보수성 이면에는 e스포츠가 가지는 본질적인 특수성이 있다. 그것은 e스포츠가 시작부터 하나의 학문으로 설명할 수 없다는 특수성이다. e스포츠는 전통 스포츠의 성격과의 유사성을 통해 스포츠라고 할 수 있다. 그러나 e스포츠'학'으로 완성되기 위해서는 게임, IT, 미디어, 문화 산업부터 사회학, 철학, 심리학, 경영학, 경제학, 정치학, 법학 그리고 교육학까지 다양한 학제간 융합이 이루어져야 한다. 결국 다양한 분야의 전문가들이 모여 e스포츠 교육의 가치와 목표를 두고 치열하게 토론도 하고 상호 학습의 기회를 가져야 양질의 e스포츠학으로서 e스포츠 교육이 체계적으로 시작되고 발전될 수 있다.

지난해 교육부는 학과개편 지원사업을 위해 500억 원을 지원하기로 결정했다. 4차 산업혁명 시대에 맞는 3D융합설계과, VR과, 드론학과 등을 염두에 둔 결정으로, 이미 승인을 받은 e스포츠학과는 곧 서울에서 시작될 예정이다. 최근 빠르게 늘어나는 e스포츠 사설 아카데미에 비해 설립과 지원은 느리지만, 실용적이면서도 미래지향적인 산업에 관심이 많은 Z세대들은 대학과 대학원의 e스포츠학과 도입을 환영하고 있다. e스포츠학과 진학 후 국내뿐만 아니라 해외에서도 다양한 진로 모색이 가능해졌기 때문이다.

◦ 국내 e스포츠 교육 과정 현황 (2022년 6월 현재)

학교 (지역)	학과명	개설 연도 / 계열
은평 메디텍 고등학교 (서울)	e스포츠과	2021 / 이공계
국제대학교 (경기)	e스포츠게임전공	2022
단국대학교 (경기)	e스포츠학과*	2022 / 예·체능 계열
수성대학교 (대구)	VR콘텐츠과	2021 / e스포츠크리에이터영상

오산대학교 (경기)	e스포츠과	2021 / 문화예술학부
전남과학대학교 (전남)	e스포츠전공	2021 / e융합계열
조선이공대 (광주)	e스포츠과	2022 / 예체능계열
호남대학교 (광주)	e스포츠산업학과	2020년 / 문화예술체육대학
한신대학교 (경기)	e스포츠 융합 전공*	2022년 / 공학계열(협동 과정)
	평화교양대학	2021년 / 교양학부

중앙대학교(서울)는 2015년 스포츠과학부에서 e스포츠 특기 전형 신설
연세대학교(서울)는 2022년 체육교육학과 <e스포츠>과목 개설
*대학원

　융복합적 사고와 환경에 익숙한 젊은 세대들은 e스포츠에서 정정당당하고 공정하게 승부를 겨루는 정신, 즉 스포츠맨십을 먼저 배웠기 때문에 맹목적으로 유명 프로 게이머를 꿈꾸지 않는다. 오히려 다양한 e스포츠 종목을 깊이 있게 이해하고, 필요한 기술과 기능을 끊임없이 연마할 뿐만 아니라, 미래 e스포츠라는 무대에서 다양한 전문가로 활약하기 위해 e스포츠가 흡수하고 확장할 수 있는 모든 학문을 배워 응용하고 싶어 한다. 이들은 e스포츠를 온전히 담아 낼 수 있는 좋은 그릇을 만들어줄 교육자를 절실히 원하고 있다. 때문에 지금 e스포츠 교육 현장에는 e스포츠 세대와 문화를 이해하면서 e스포츠를 학문으로 성장시킬 수 있는 능력있는 교육자들과 그들의 용기있는 도전이 필요하다.

1) 미국의 e스포츠 산업과 교육 현황

　미국의 e스포츠 대학 교육과정은 e스포츠 산업 성장과 밀접한 관계가 있

다. e스포츠는 PC·모바일·전용 콘솔 등 디지털 장비와 네트워크를 통해 개인 또는 팀 경기를 함에 있어서 대형 게임 대회 및 리그 경기에는 각종 영상 장비와 기술 장비들이 동원된다. 앞서 살펴보았듯이, e스포츠 산업은 스폰서십, 중계권료, 프랜차이즈화와 티켓, 퍼블리셔 비용 그리고 디지털 수익과 스트리밍에서 수익을 내다보니 자연스럽게 라이브 경기 관람뿐만 아니라 각종 관련 동영상을 제공하는 온라인 동영상 플랫폼 사업이 같이 성장하고 있다. 그중 중계권료(Media Rights)는 가장 높은 수익을 내는 분야로 유명 게임 개발·출판사(Publisher)인 미국의 블리자드와 게임 중계 플랫폼 트위치가 합의한 2년간의 중계권 계약 금액은 약 900만 달러였다. 블리자드는 최근 스포츠 채널 ESPN을 소유한 대기업 Disney와도 유명 게임 오버워치(Overwatch)의 e스포츠 리그인 Overwatch League Playoffs의 중계권 계약을 체결한 것으로 알려졌다. 특히 코로나19로 경기장을 찾지 못하는 많은 팬들이 인터넷 라이브 스트리밍 플랫폼을 이용하면서 최근 트위치의 시청률은 폭발적이다.

e스포츠 종목 중 가장 주목을 받는 라이엇게임즈의 리그오브레전드는 2018년 개최된 'Mid-Season Invitational'에서 약 6,000만 명의 시청자 수를 기록했는데, 이는 NBA 역사상 가장 높은 시청자 수인 3,000만 명을 기록했던 1998년 NBA(미국 농구 리그) 플레이오프 7차전과 비교할 때 2배 많은 수치이다. 실제 미국의 e스포츠 시청자는 2021년까지 약 8,400만 명에 도달할 것으로 예상되는데, 이는 NFL(미국 풋볼 리그)을 제외하고는 MLB(야구), NBA(농구), NHL(하키), MLS(축구)와 같은 미국 내 유명 스포츠 리그의 시청자 수를 모두 합친 것보다 많은 시청자 수이다.[23]

미국의 e스포츠 성장세를 보고한 KOTRA의 보고에 따르면, LA 지역에 본사를 두고 있는 라이엇게임즈와 블리자드는 리그오브레진드와 오버워치의 성장세를 미국을 포함한 전 세계 e스포츠 시장으로 확산시키려고 하고 있다. 때문에 e스포츠 프로게임단 중에서는 기존의 다른 스포츠팀 구단주들이 참여해 구성한 팀도 많이 등장하고 있다.[24] 또한 최근 미국에는 e스포츠 전용 구장이 늘고 있다. 라이엇게임즈는 전 세계적으로 여러 e스포츠 경기 구장을 두고 있는데 LA에 있는 구장에는 라이엇게임즈의 기념품 판매점과 식사 공간까지 마련되어 있으며, e스포츠 대회와 방송을 주관하는 e스포츠 엔터테인먼트 기업인 얼라이드e스포츠엔터테인먼트(Allied Esports Entertainment Inc)는 라스베이거스의 룩소르호텔에 '하이퍼엑스 아레나(HyperX Arena)' 를 2018년 설립했으며, 하이퍼엑스 아레나에서는 현재 세계적인 e스포츠 대회들이 열리고 있다.[25]

e스포츠를 플레이하고 시청하는 이용자가 급증하면서 e스포츠 산업이 급성장하고 있는 미국의 경우, 대학에 e스포츠 교육과정이 도입되고 있다. 앞서 언급한 미국 UC Irvine(UCI)은 공립대학 처음으로 캠퍼스에 e스포츠 관람 경기장(arena)을 만들어 혁신적인 e스포츠학과 프로그램을 소개하였다. UCI eSports 대학 팀은 컴퓨터 장비 관련 기업의 후원을 받아 다양한 대회를 개최한다. 팀에는 코치, 매니저, 경기 분석가, 선수 심리치료사, 선수 코디네이터 등 다양한 전문 인력이 상주하는데, 경기장에 설치된 방송국을 이용해 관련 실기 수업에 활용하고 있다. 캠퍼스 대회와 이벤트는 장학금과 연결되기도 하는데, 대표팀과 주니어팀에 차등을 두어 제공한다.

버지니아에 있는 Shenandoah 대학은 Shenandoah Center for Immersive Learning(SCIL)을 지어, e스포츠 학생들이 비디오 제작, 훈련, VR 및 다양한 게임기를 이용한 실습을 할 수 있도록 하고 있다. 또한 70개의 관중석을 갖춘 소형 e스포츠 아레나를 마련해 상시 대회가 가능하도록 했는데, 이 공간은 e

스포츠 이벤트 프로모션, 마케팅, 팀 및 대회 운영, 방송기술 같은 현장 실습을 하기에 최적화된 곳이다.

  실제 미국 내 e스포츠 교육과정을 신설한 학교들은 차별화된 융합형 과목 개설 뿐만 아니라, 다양한 교내·외 활동을 지원한다. 예를 들면 대학 내 e스포츠 팀을 조직해 선수에게 장학금을 제공하는데, Becker 대학은 리그오브레전드와 오버워치 학생들에게 매년 500~1,000달러씩(최대 5천 달러)에 달하는 장학금을 대회 성적과 무관하게 학업 성취도와 의사소통 기술 등을 참고하여 선별해 제공한다. 또한 재학생들은 e스포츠 열풍이 불고 있는 아시아 국가(중국이나 베트남 등)의 파트너 대학들과 학점 교류를 할 수 있는데, 특히 e스포츠팀에 소속된 선수들은 학내 전문 코치와 직원의 도움을 받으며 다양한 종목의 캠퍼스 대회와 주 대회에 참가할 수 있다. 또한 전미대학체육협회(National Collegiate Athletic Association, NCAA)에 가입해 수업에서 배운 다양한 지식과 기술을 현장에서 적용해 볼 수 있도록 산·학 연결을 적극 권장하고 있다. 이러한 프로그램을 통해 대학 졸업 후 취업에 관심이 많은 학생들이 지역의 게임사 인턴쉽, 현장실습 등의 실무경험을 쌓을 수 있게 한다.

◦ 북미의 e스포츠 대학교육 과정 (2022년 8월 현재)

Becker College (2021 폐지)	과정 명칭 (학위과정)	Esports Management (BA)
	개설연도	2018
	위치	Massachusetts, US

Lasell University	과정 명칭 (학위과정)	Esports & Gaming Management (BS)
	개설연도	2021
	위치	Massachusetts, US
Keuka College	과정 명칭 (학위과정)	Esports Management (BS)
	개설연도	2018
	위치	New York, US
Shenandoah University	과정 명칭 (학위과정)	Esports Management (BA, BS) Esports Management (MBA) Esports Media & Communication (BS)
	개설연도	2019
	위치	Virginia, US
University of California Irvine (UCI)	과정 명칭 (학위과정)	Esports Management (BA)
	개설연도	2016
	위치	California, US
University of Texas at Arlington	과정 명칭 (학위과정)	Esports (BA)
	개설연도	2019
	위치	Texas Arlington, US
Saint Peter's University	과정 명칭 (학위과정)	Esports Business
	개설연도	2018
	위치	New Jersey, US
Caldwell University	과정 명칭 (학위과정)	Esports Management (BS)
	개설연도	2019
	위치	New Jersey, US

Northwood University	과정 명칭 (학위과정)	Esports management (BA)
	개설연도	2020
	위치	Midland, Michigan, US
University of New Haven	과정 명칭 (학위과정)	Esports and Gaming (BA) Esports and Gaming, General Concentration, B.S. Esports and Gaming, Game Studies Concentration, B.S. Esports and Gaming, Esports Performance and Health Concentration, B.S. Esports and Gaming, Corruption and Gambling Concentration, B.S. Esports Business (Online MS)
	개설연도	2020
	위치	West Haven, Connecticut, US
University of North Dakota	과정 명칭 (학위과정)	Esports Degree (B.S.)
	개설연도	2022
	위치	Grand Forks, North Dakota. US
Full Sail University	과정 명칭 (학위과정)	Game Business & Esports (BA)
	개설연도	2022
	위치	Winter Park, Florida. US
Medaille University	과정 명칭 (학위과정)	Esports Management (BS)
	개설연도	2022
	위치	Buffalo, New York. US
University of Delaware	과정 명칭 (학위과정)	Game Studies and Esports (BA)
	개설연도	2022
	위치	Newark, Delaware. US

The Ohio State University	과정 명칭 (학위과정)	Esports Certificate & Academic Programs (McClure school) Esports Major
	개설연도	2019
	위치	Ohio, US
Walsh University	과정 명칭 (학위과정)	Esports and Gaming Management (B.B.A.)
	개설연도	2021
	위치	Ohio, US
University of Texas	과정 명칭 (학위과정)	Esports Management
	개설연도	2019
	위치	Texas, US
Keystone College	과정 명칭 (학위과정)	Esport and Gaming Management Degree (BS)
	개설연도	2020
	위치	Pennsylvania, US
Lambton College	과정 명칭 (학위과정)	Esports Entrepreneurship & Administration Esports Management (Diploma)
	개설연도	2019
	위치	Ontario, Canada
Algoma University	과정 명칭 (학위과정)	The Business of Esports Specialization (BBA)
	개설연도	2022
	위치	Ontario, Canada

St. Clair College	과정 명칭 (학위과정)	Esports Administration and Entrepreneurship (Diploma)
	개설연도	2021
	위치	Southwestern Ontario, Canada.
Seneca College	과정 명칭 (학위과정)	Esports Marketing Management
	개설연도	2020
	위치	Ontario, Canada
Durham College	과정 명칭 (학위과정)	Esport Business Management
	개설연도	2019
	위치	Ontario, Canada
Mount Royal University	과정 명칭 (학위과정)	Esports Management
	개설연도	2020
	위치	Alberta, Canada.

우선 e스포츠 교육 과정을 신설한 미국의 사례를 보면, 다음과 같은 공통점을 발견할 수 있다.

첫째, 신설 과정은 주로 문과 계열의 인문학사(Bachelor of Arts, BA) 혹은 이과 계열의 이학사(Bachelor of Science, BS), 상경 계열의 경영학사(Bachelor of Business Administration, BBA)로 나누어 전공수업을 세분화시킨다. 대부분의 대학이 과정 명칭을 e스포츠 매니지먼트로 하는데, Shenandoah은 e스포츠 경영학 석사(Master of Business Administration, MBA) 과정이 있다.

둘째, 학생들이 선택할 수 있는 전공과목의 스펙트럼이 상당히 넓다. 예를 들면 Becker 대학은 1학년에게 심리학, e스포츠 비즈니스 모델, New Normal(조직화되지 않은 문제 탐구), 공급체인과 혁신 같은 수업을 제공하는데, 이는 코로나19로 회자되는 '뉴 노멀'의 시대를 이해하는데 적합한 과목명이라 상당히 흥미롭다. 그밖에도 e스포츠 경영, 비즈니스, 마케팅, 프로모션, 조직과 거버넌스을 공통과목으로 제공한다. Shenandoah는 MBA코스에서 e스포츠 소비문화(consumerism), e스포츠 기업가정신(entrepreneurship), e스포츠 디지털 미디어 매니지먼트를 핵심 전공으로 선정했고, e스포츠 미디어&커뮤니케이션 과정을 만들어 매스미디어 이론, 미디어 법, PR, 비주얼 커뮤니케이션 등을 다양한 과목을 학습할 수 있게 하고 있다. 그밖에도 Shenandoah는 모든 학생에게 e스포츠 분야와 IT 분야의 수업을 듣게 하는데, 예를 들면 신경과학 개론, 운동학(exercise science) 연출, 스포츠와 실습 심리, 응용 체육, 컴퓨터 프로그래밍, 사이버 보안 개론, 네트워킹, 기계 학습, 컴퓨터공학과 전자공학 개론 등이 개설되어 있다. 또한 e스포츠 코칭 자격증을 따기 위해서는 e스포츠 코칭 개론과 코칭 심화 및 경험 실습과정을 이수해야 한다.

셋째, e스포츠 교육과정은 현장 실무 능력을 키울 수 있도록 초점을 두고 있어 실용적인 응용 과목으로 구성되어 있다. 예를 들면 e스포츠 기업과 행정에 관한 코스를 신설한 Lambton College는 e스포츠 마케팅, 비즈니스 개요, 소셜미디어 마케팅, 비판적 사고와 글쓰기, e스포츠 게이밍 기초, 개인 건강 유지(personal wellness), 라이브 스트리밍 프로그래밍, 스포츠 스폰서십 모금, 스포츠 조사와 분석, 비디오/오디오 제작, e스포츠 기술, 회계 개념, 비즈니스 커뮤니케이션, 윤리적 리더십과 비판적 결정, 판매, e스포츠 게이밍 프로젝트, e스포츠법, 기업 활동 기초 등 그야말로 게임, 스포츠, 미디어&커뮤니케이션 그리고 IT 분야를 아우르는 수업을 최대한 개설하고 있다. 아쉬운 점은 대부분의 e스포츠 교육과정이 최근에 신설되다보니 시도한 교육과정에 대한 효과를 논의하기엔 적당한 시기는 아니라는 점이다. 또한 현재는 거의 모든 대학이 e스포츠 과정을 학부 과정으로 개설하였다 보니 e스포츠를 심층적으로 연구개발(Research & Development)할 대학원 과정이 부족하다는 점이다. 학부에서 전공한 다양한 영역을 e스포츠와 융합해 학문적으로 발전하고자 하는 인재들을 흡수할 과정이 아직은 부족하다.

글로벌 게임 유저들이 25억 명이다. 이들은 2019년 한해 게임 시장에서 약 180조를 소비했다고 한다. 스마트폰과 5G 보급이 확산되면서 모바일 게임은 게임 시장 중 가장 많은 비중을 차지하게 되었고, 코로나19로 인해 비대면 및 사회적 거리두기가 장기화되면서 콘솔 시장도 빠르게 성장하고 있다. 물론 전술한대로 모든 게임이 e스포츠가 될 수 없지만, e스포츠가 게임에서 시작했기 때문에 게임 시장의 성장은 e스포츠 성장에도 긍정적인 영향을 미친다. 전 세계 게임 시장 규모 순위를 보면 1위인 미국은 게임 소비 인구와 인터넷 이용에서는 2위인 중국보다 작지만 전체 수익에서는 중국보다 조금 높다. 3위는 일본이고, 4위가 한국인데 5위부터는 유럽이 강세를 보이고 있다. 즉 5위는 독일, 6위 영국, 7위 프랑스, 8위 캐나다, 9위 스페인, 10위가 이태리이다(Quaresma. 2020.05.17). 북미 지역에서는 e스포츠 교육과정을 신설한 대학들이 계속 증가하는 추세이다. e스포츠 게이밍, 비즈니스, 경영, 마케팅 학사, 디플로마, 석사 과정들로 미국과 캐나다 지역으로 확산되고 있는데, New Haven 대학은 석사 과정을 온라인으로 개설했다(최은경. 2020).

2) 유럽의 e스포츠 산업과 교육 현황

◦ 유럽의 e스포츠 대학교육 과정

Staffordshire University	과정 명칭 (학위과정)	Esports (BA Horns) Esports (MA)
	개설연도	2018
	위치	영국
University of Chichester	과정 명칭 (학위과정)	Esports (BA Horns) Esports and Sports Media BA (Hons)
	개설연도	2019
	위치	영국
University of Northampton	과정 명칭 (학위과정)	Esports (BSc Hons)
	개설연도	2022
	위치	Northampton, Northamptonshire, 영국
Falmouth University	과정 명칭 (학위과정)	Esports (BA Hons)
	개설연도	2022
	위치	Penryn, 영국
Abertay University	과정 명칭 (학위과정)	Esports (MSc, MPhil, PhD)
	개설연도	2022
	위치	Dundee, 스코틀랜드

GBSB Global Business School	과정 명칭 (학위과정)	Business Administration and Digital Innovation with Sports and eSports Management in Barcelona/Malta (BA) Business Administration and Digital Innovation with Sports and eSports Management (BA / Online)
	개설연도	2022
	위치	Barcelona, 스페인 Birkirkara, 몰타
ISDE Law Business School	과정 명칭 (학위과정)	Esports Business ISDE (MA online)
	개설연도	2023
	위치	Barcelona, 스페인
IEBS – Escuela de Negocios de la Innovación y los Emprendedores	과정 명칭 (학위과정)	Esports Management (MA / Online)
	개설연도	2020
	위치	Barcelona, 스페인
Kajaani University of Applied Sciences	과정 명칭 (학위과정)	Esports Business (BA Hons)
	개설연도	2023
	위치	Kajaani, 핀란드
IU International University of Applied Sciences – Online Studies	과정 명칭 (학위과정)	Esports Management (MBA / Online)
	개설연도	2022
	위치	Berlin, 독일

Gaming Business School	과정 명칭 (학위과정)	MANAGEMENT JEUX VIDÉO ET ESPORT (BA) Business et management(MBA)
	개설연도	2022
	위치	Lyon, 프랑스

유럽은 학내 e스포츠 대학팀과 리그가 조직되면서 대학 동아리 또는 클럽을 중심으로 자체 운영되고 있는데, 영국은 잉글랜드에서 먼저 학부 과정을 개설하면서 스코틀랜드로 확산됐고, 스페인과 핀란드에도 학부 과정이 개설됐다. 스페인과 독일은 e스포츠 경영전공 석사 온라인 과정을 운영 중이다.

영국의 경우, Staffordshire 국립대학은 학부 1년 과정에서 게임 문화, e스포츠 방송, e스포츠 생태계, e스포츠 이벤트 체험, e스포츠 자원 조달 관련 수업을 듣는데, 무엇보다 싱글 플레이어 e스포츠 대회를 첫 해에 배우고, 2학년에 멀티 플레이어 대회로 확장 수업을 한다. 사실 최근 e스포츠 주요 종목은 4~6인이 한 팀인 대전이지만,[26] e스포츠 초기 종목이라 할 수 있는 스타크래프트는 대표적인 1대1 대전의 종목으로 여전히 유사 종목들이 맥을 잇고 있다. 종목의 플레이어 구조를 반영한 교육과정은 현장 중심적이라 할 수 있겠다. 2학년이 되면서는 팀을 직접 조직하고, 선수와 이해관계자를 캐스팅하거나, 초대하는 일 그리고 컨텐츠를 제작하고, e스포츠 규정과 위험을 파악하고, 이벤트를 계획하고 전략을 짜는 과정이 통합적으로 이루어진다. 학부 마지막 해에는 커뮤니티 관리와 디지털 트래픽과 소셜미디어 활용 그리고 e스포츠 분석을 심화시켜, e스포츠 엑스포에 출전하도록 하는데, 학부과정 내 모든 의무 수업은 실무와 취업에 초점이 맞춰져 있다. e스포츠 석사과정에서는 e스포츠 생태계와 계량적 분석들, 국제 e스포츠 정책과 계획, e스포츠 아레나 운영 전략, e스포츠 데이터 분석과 조사 방법 등을 배우는데, 졸업 논문과 현장 파견을 통해 이론과 실무를 배우게 된다. 잉글랜드 남동쪽에 위치한 Chichester 대학은 e스포츠 산업 중심의 교육 커리큘럼을 특화시켜, 스포츠 과학, 게임 제작, 게임 디자인, 창의적인 기술 개발, 비즈니스 및 라이브 이벤트 제작 수업 등 각 분야의 전문가들이 실기 수업을 담당한다.

23 미국과 유럽 시장에서 가장 긴 라이브 시청 시간을 기록한 라이브 스트리밍 플랫폼은 2014년 Amazon이 9억 9,000만 달러에 인수한 'Twitch'로, 미주와 유럽의 e스포츠 실시간 중계 시장에서 압도적인 우세를 보이며 큰 인기를 누리고 있다. e스포츠 시청자는 2016년과 2017년 사이에만 약 19.3% 증가하였고, 이 기간에 총 3,350만 명이 e스포츠를 시청한 것으로 집계되는데 2018년의 경우에도 전년 대비 13.8% 증가한 약 3,800만 명이 e스포츠를 시청한 것으로 조사돼, e스포츠의 시청률이 지속적으로 증가하고 있음을 알 수 있다. Newzoo는 e스포츠 시청자 수는 연평균 약 14% 성장해 2021년에는 총 5,570만 명 규모에 이를 것으로 전망한 바 있다(우은정. 2019.11.17).

24 예를 들어, 프로게임단 The Boston Uprising은 미국 NFL의 가장 유명한 스포츠팀인 New England Patriots의 구단주로 활동하는 Kraft Group에 의해 운영되고 있다. Overwatch 프로게임단인 LA Gladiators의 구단주는 창업가로 유명한 Stan Kroenke로, 그는 현재 영국 명문 축구팀 Arsenal과 미국 LA 지역의 NFL 팀 LA Rams의 구단주로도 활동 중이다. e스포츠 전문 기업 The Immortals와 Cloud9은 중국 인터넷 기업 NetEase가 소유하고 있으며, 이 기업들도 LA 기반의 프로게임단을 창단하여 Overwatch와 League of Legends 리그에 참여 중이다(우은정. 2019.11.17).

25 e스포츠 프로게이머를 위한 각종 인프라 시설도 최근 많이 생겨나고 있는데, Overwatch 프로게임단 LA Valiant와 유명 게임 Dota2 및 Counter-Strike 게임 리그에서도 프로게임단을 운영 중인 The Immortals팀은, 프로게이머들이 게임 훈련을 할 수 있는 공간뿐만 아니라 헬스장, 마사지를 받을 수 있는 휴식 공간, 전문 주방장이 관리하는 식당까지 마련된 구단 시설을 LA 지역에 완공했다. 또한 전 세계적으로 유명한 미국 농구 스포츠 스타인 마이클 조단과 매직 존슨이 소유 중인 e스포츠팀 Team Liquid는, 컴퓨터 하드웨어 기업 Dell의 게임 장비 전문 자회사인 Alienware와 몇 년 전 스폰서 계약을 맺고 1만 평방피트 규모의 e스포츠 훈련 시설을 남가주 Santa Monica에 개설했다. 이 시설에는 훈련장, 분석실, 편집실뿐만 아니라 인터뷰 공간, 자체 제작 스튜디오, 커피 바 및 라운지, 24시간 식사가 가능한 식당과 같은 다양한 공간이 갖추어져 있다고 한다(우은정. 2019.11.17).

26 현재 공식 대회에서 배틀 그라운드는 4:4, 리그오브레전드는 5:5 오버워치는 6:6의 팀 경기 형태를 따른다.

뉴 잡? NEW PROFESSIONALS?

국내외에서 e스포츠 고등학교와 e스포츠 전공 대학이 신설되면서 게임을 좋아하니 프로게이머가 되고 싶다는 청소년들이 늘고 있다. e스포츠가 국내에서뿐만 아니라 글로벌 시장에서 빠르게 성장하고 있고 e스포츠 프로 선수의 위상이 높아지면서 e스포츠 전문가들이 주목을 받기 때문이다. 게임과 게임 유저에 대한 인식이 e스포츠로 인해 긍정적으로 바뀌면서 e스포츠의 미래 직업과 그 전망에 대해서도 관심이 많아지고 있다. e스포츠를 좋아하는 젊은 세대들은 e스포츠에 대한 열정이 곧 미래 직업과 연결될 것이라 확신하며 e스포츠 시장으로 점점 몰려들고 있다. e스포츠를 좋아하면 e스포츠 일을 할 수 있을까?

◦ e스포츠 산업 관련 직업 종류

스포츠 대회 그룹	**경기를 이끄는 그룹** 프로게이머, 감독, 코치, 매니저, 구단주, e스포츠 경기 분석가, 팀 매니저, 파트너십 매니저, 소셜미디어 매니저 등
미디어 그룹	**팀과 대중을 연결 시키는 그룹** 캐스터, 진행자, 해설자, 통역가, 중계 카메라맨, 방송엔지니어, 콘텐츠 크리에이터, 옵지버, 기획자, 엔터테이너 에이전시 등
운영 그룹	**전통 스포츠 대회처럼 경기를 운영하는 그룹** 심판, 경기 관리자, 마케팅, 판촉·프로모션, PR, 광고·협찬·후원 업무 담당자, 변호사, 회계사, 에이전트 등

| **응용 전문가 그룹** | 전국 각 지역의 e스포츠 관련 업무를 진행하는 협·단체의 직원, e스포츠 교육자와 연구자 |

e스포츠 산업 시장에는 어떤 전문 직업들이 있을까?

첫째, 현장과 유사 업무 위주로 분류를 해보면 우선 경기를 이끄는 그룹을 꼽을 수 있다. 프로게이머를 중심으로 코치, 감독 같은 코칭 스태프, 매니저 등이 있으며 상위 직업으로 구단주도 있다. 경기 및 선수에 대한 정보만 전문적으로 분석하며 코치를 도와 경기 전략을 준비하는 e스포츠 분석가라는 직업도 주목받고 있다.

e스포츠 매니저라는 직업은 맡은 업무에 따라 다양하게 구분할 수 있다. 선수의 재능을 발굴하며 계약부터 훈련과 대회 참가, 숙소와 장거리 이동, 건강상태 등을 담당하는 팀매니저가 있고 경기 티켓 판촉부터 협찬·후원, 팬 미팅 등 경기 외 선수 경영 업무를 하는 세일 또는 파트너십 매니저가 있다. 게임 광고, 팀/선수 PR, PPL 등 부가 수익을 위해 온라인 커뮤니티와 소셜미디어 활동을 전담해 운영하는 소셜미디어 매니저도 있다.

둘째, 팀과 대중을 연결시키는 직업군이 있는데, 이는 전통 스포츠에서도 중요한 역할을 맡는 미디어 그룹이라 할 수 있다. 경기 캐스터와 진행자, 해설자, 통역가, 중계 카메라맨, 방송 엔지니어, 옵저버, 콘텐츠 크리에이터, 기자 등의 직업이다. 영국 e스포츠 협회에 따르면, e스포츠 캐스터는 경기 자체 내용을 충실히 전달하는 캐스터와 경기에 필요한 정보를 제공해가며 주목할 만한 장면 위주로 중계하는 캐스터로 구분되어 있다. 특이하게도 e스포츠는 종목 특성상 경기 상황을 동시에 설명할 수 없기 때문에 생중계 화면을 순간마다 결정하는 -전통 스포츠에는 없는- 옵저버라는 직업도 필요하다. e스포츠 콘텐츠가 TV, 라디오 등 레거시 미디어보다는 온라인 스트리밍 플랫폼에서 중계하는 경우가 많고 온라인 접속을 통해 경기 콘텐츠를 즐기는 팬과 이용자가 많다 보니, 다양한 파생 콘텐츠를 생산하는 유튜버, 스트리머, BJ와 같은 콘텐츠 크리에이터들이 선호하는 직업으로 꼽히고 있다.

셋째, e스포츠 경기 운영그룹이 있다. e스포츠는 스포츠와 유사한 형식의 온라인 비디오 게임으로 전통 스포츠 대회처럼 경기를 운영할 전문가들이 필요하다. 즉 심판, 경기 관리자들은 선수들이 정정당당하게 기량을 겨룰 수 있도록 원칙을 적용하고 선수들의 재활과 복지 등 관련 행정 업무를 지원한다. 게임단은 팀의 원활한 운영을 위해 e스포츠 마케팅, 판촉, 프로모션, PR, 광고, 협찬·후원 업무를 담당할 전문가들과 e스포츠 경영에 관한 법률과 재무 회계 자문을 해줄 수 있는 변호사, 회계사들을 고용한다. 선수 개인 또는 클럽을 대신해서 연봉을 협상하고 광고 출연 등 각종 계약을 처리하는 에이전트도 있다. e스포츠는 리그가 종료된 11월~12월이 스토브리그로, 에이전트는 선수, 코치들의 재계약, 신규영입, 해임, 방출, 트레이드, FA 제도 등 업무로 성수기를 보낸다.

그 밖에도 e스포츠 직업군에는 전국 각 지역의 e스포츠 관련 업무를 하는 협·단체의 직원과 다양한 전공을 가진 e스포츠 교육자와 연구자가 있다.

지금까지 소개된 e스포츠의 직업에서 볼 수 있듯이 e스포츠를 좋아하는 사람이라면 e스포츠에서 할 수 있는 일은 무궁무진하다. e스포츠를 좋아하기 때문에 발견한 자신의 잠재적 재능과 사고를 넓히려는 자기 계발을 부지런히 해온 사람들은 e스포츠 산업이 보여주고 있는 무한한 가능성을 현실로 만드는 주인공이 될 수도 있다.

물론 현재 국내에는 e스포츠 맞춤형 인재 양성과 교육을 전담하는 곳이 많지 않다. 또한 e스포츠 인재를 채용하는 산업 현장은 전문가를 원하면서도 다방면의 지식과 경험을 갖춘 -소위 올라운더라고 표현되는- 팔방미인을 원한다. 실제 e스포츠 선수는 훈련과 시합뿐만 아니라 소셜미디어, 1인 방송, 온라인 소통 같은 셀프 PR도 할줄 알아야 하며, 코칭 스태프들은 매니저의 다양한 역할과 분석가 역할을 동시에 하는 경우도 많다. e스포츠에서는 기존 직업이 가지고 있던 경계가 의미 없는 듯하다.

갈수록 다재다능한 인재를 원하는 사회가 바람직한지 고민해봐야 한다. 하지만 게임·스포츠·미디어·ICT가 융합되어 성장하는 e스포츠의 학문적 방향성을 고려할 때 17세기 철학자 스피노자가 남긴 "나는 깊게 파기 위해 넓게 파기 시작했다"는 말은 e스포츠 직업인들에게 의미있는 질문을 던지는 것 같다. e스포츠 전문가는 무엇을 깊게 파야 하는가. 또한 어디까지 넓게 파야 하는가. 21세기는 한 분야만 깊게 파면 최고가 될 수가 없다고들 한다. 넓게 파야 깊게 파야 할 곳을 알 수 있고 깊게 파야 다른 사람이 파고 있는 그곳과 만나 내 영역을 더 넓힐 수 있기 때문이다. 좋아하는 것과 직업이 엄격히 구분됐던 시대는 저물고 있다. 좋아하면서 잘할 수 있는 일을 직업으로 만들어내는 젊은 미래 인재들의 전성기가 기대되는 이유이기도 하다(최은경. 2020.10.29).

미래제언! FOR FUTURE!

　미래 e스포츠 시장에 영향을 미치게 될 환경은 불확실하지만 국내외 스포츠와 엔터테인먼트 전문가들은 올해도 e스포츠가 성장할 것이라 전망하고 있다. 구글, 아마존, 메타(Meta, 구 페이스북), 애플, 넷플릭스 같은 글로벌 플랫폼 기업들도 게임과 스포츠를 넘나들며 MZ세대에게 익숙한 메타버스 산업에 초집중 투자하고 있다. 이에 e스포츠 산업의 성장을 위해 필요한 주요 이슈를 정리해 보았다.

　첫째, e스포츠가 게임과 스포츠의 융합 산업으로서 어떤 가치와 가능성이 있는지를 국제대회에서 증명해야 한다. 세계 시장은 2022년 아시안게임 정식 종목으로 채택된 8개 게임들 외에도 다양한 e스포츠 종목에 주목하고 있다. e스포츠 산업은 종목과 플랫폼에 따라 구체적인 다른 논의들이 필요하다. 예컨대 항저우 아시안 게임에서 선보일 5개의 PC게임들(리그오브레전드, 도타2, 하스스톤, 몽삼국2, 스트리트파이터5)과 2개 모바일 게임들(왕자영요, 배틀그라운드) 그리고 콘솔게임 EA스포츠 피파의 주요 경쟁국과 선수에 대한 파악부터 각 게임 종목에 대한 경기 규정에 대한 투명성과 신뢰성을 보장이 공론화되어야 한다.

　둘째, e스포츠 내 비인기 종목의 국제 대회에 출전 가능한 선수 양성 프로그램과 후원이 필요하다. 라이엇게임즈에 따르면, 2021년 시즌 리그오브레전드 월드챔피언십 결승전의 시청자 수는 전년도보다 60% 증가한 7,300만 명이다. 어느 종목과 비교해도 리그오브레전드의 인기와 경제적 가치는 안정적이고 계속 성장할 것으로 전망된다. 하지만 CS:GO, 발로란트(VALORANT),

오버워치(Overwatch), 슈퍼 스매시 브라더스(Super Smash Bros), 포트나이트(Fortnite), 콜오브듀티(Call of Duty) 같은 다른 e스포츠 인기 장르를 보면 상금 규모도 더 작고, 대회 일정은 불안정하다. 따라서 아시안게임을 위한 엘리트 선수 육성을 위해서라도 비인기 종목에 대한 지원과 관심이 필요하다.

셋째, 게임의 이용 장애와 게임 리터러시(literacy, 문자화된 기록물을 통해 지식과 정보를 획득하고 이해할 수 있는 능력) 이슈를 더 이상 미룰 수 없다. 게임의 중독성을 질병으로 분류해 치료가 필요하다는 세계보건기구(WHO)의 게임장애(gaming disorder) 분류 결정이 2022년 1월부터 적용되고 있다. 2022년 3월 9일 대통령 선거에 출마한 후보자들도 신년부터 게임관련 법 개정에 관심을 보였다. 하지만 게임과 e스포츠가 미래 창의-혁신 산업으로 성장할 수 있는 구체적인 논의는 시작도 하지 못했다. 특히 코로나19 시국에 필요한 디지털 레저 스포츠 문화 산업은 우리 경제의 미래 성장 동력이 될 것이다. 노인과 어린이, 장애인을 비롯해 야외 활동이 어려운 다양한 형편의 사람들이 저렴하고 편리하게 접근하고 공정하게 승부를 겨룰 수 있는 e스포츠가 성장하고 있기 때문이다.

2022년은 스포츠의 해라고 부를 만큼 대형 스포츠 이벤트가 많다. 2월 베이징 동계 올림픽, 3월 베이징 동계 장애인올림픽, 9월 항저우 아시안게임, 11월 카타르 월드컵. 모두 전통 스포츠 종목들의 축제이지만, 이미 선보인 e스포츠 종목들과 연결될 가능성도 높다.[27] 따라서 경계를 허물며 빠르게 성장하는 혁신 산업이 뉴노멀 시대의 핵심이라면, 2022년 e스포츠 산업은 꽃처럼 만개할 적절한 타이밍이 필요하며, 코로나19에 잘 학습된 인재들만이 그 기회를 잡을 수 있을 것이다(최은경. 2022.01.24).

2011년 등장한 라이엇게임즈의 온라인게임 리그오브레전드는 국제 게임 대회에서 가장 주목받는 종목이다. 한국에서는 2012년부터 LCK가 시즌제로 열리고 있다.

LCK 시즌 동안 총 10회 최다 우승을 한 T1(구 SK Telecom T1)은 리그오브레전드의 세계 최상위 팀을 뽑는 LOL월드챔피언십(League of Legends World Championship, 롤드컵)에서도 총 3회(2013년, 2015년, 2016년) 우승한 최고의 팀이다. 한국은 롤드컵이 시작된 2011년 이래 총 6번을 우승한 유일한 국가로, e스포츠 전반에서 우수한 선수가 많은 나라로 알려져 있다. 세계가 주목하고 견제할 만하다. 그런데 최근 중국이 e스포츠 신흥 강국으로 등장했다. e스포츠 시장에 큰 변화가 생겼다. 중국은 한국뿐만 아니라 해외 각지에서 우수한 선수를 영입했다. 막대한 투자를 한 결과 2018년과 2019년 그리고 2021년 롤드컵 우승팀을 배출한 것이다. 2019년 연말 창궐한 코로나19로 세계 각국의 국경과 하늘길이 차단됐음에도, 2021년 전 세계 e스포츠 시장 규모는 10억 8,000만 달러(약 1조 3,342억 3,200만 원)로 전년 대비 50%가 성장했다. 2024년 16억 2,000만 달러(약 2조 21억 5,800만 원)까지 성장할 것으로 전망된다. 아시아와 북미는 수익 측면에서 가장 큰 e스포츠 시장을 가지고 있다. 그러나 중국이 전체 시장의 5분의 1을 차지하면서 e스포츠 글로벌 패권국 무리에서 우뚝 서게 됐다. 전통 스포츠는 팬데믹 기간 동안 경제적 어려움을 겪었다. 하지만, e스포츠 산업은 디지털화라는 장점 덕분에 싱장을 할 수 있었다. 중국의 e스포츠 시장도 그 가치를 가늠하기 어려울 정도로 빠르게 성장했다. 특히 코로나 기간 동안 약 4억 8,700만 냉이 넘는 사람들이 자택에서 게임을 했다. 온라인으로 e스포츠 대회 및 관련 동영상을 시청하다 보니 중국은 북미를 제치고 세계 최대의 e스포츠 왕국(eSports kingdom)이 됐다(최은경. 2020.09.11).

2022년 3월 25일, 한국e스포츠협회는 항저우 아시안게임 국가대표 지도자를 선임했다. 4월 5일부터는 e스포츠 대표팀 선수 선발을 시작했는데, 국제 대회 금메달 수상자에게 병역이 면제되기 때문에 선발전에서부터 경쟁이 치열했다. 하지만 중국에서만 인기를 얻고 있는 왕자영요, 도타2, 몽삼국2라는 종목에는 국가대표를 뽑을 수 없기 때문에 한국 선수들은 5개 종목에만 참가할 예정이다. 우리 선수들은 개최국이 가지는 유리한 점까지 동원하며 국제 스포츠 대회 공정성을 흔들려는 중국을 상대로 경기를 치러야 한다.

아시아e스포츠연맹(AESF)는 전통 스포츠를 떠나고 있는 젊은 세대를 위해 e스포츠를 시범 종목에서 정식 종목으로까지 인정했다. 하지만 더욱 많은 국가에서 다양한 종목의 선수들이 참가하지 못해 양질의 e스포츠 대회가 열리지 못한다면, e스포츠를 국제 스포츠 대회에 편입함으로 낼 수 있는 긍정적 효과를 기대하기 어렵다.

따라서 우리는 글로벌 패권국을 상대로 선수들이 올림픽에 마음껏 도전할 수 있는 투명하고 공정한 시스템을 요구해야 한다. 개최국이 자국의 이익만 좇지 않도록 e스포츠 선수의 권리와 의무 교육도 현실화해야 한다. 아시안게임 이후에도 지속 성장할 수 있는 e스포츠 생태계는 우리 모두가 협력해야 가능하기 때문이다(최은경. 2022.04.13).

---

27 중국은 상하이 코로나19 확산세로 항저우에서 열릴 예정이었던 제19회 아시안게임의 개최를 1년 연기했다(박성훈. 2022.05.07). 2020년 도쿄에서 개최 예정되었던 제32회 하계 올림픽도 코로나19로 인해 1년 연기된 2021년 여름에 열렸다.

토론거리

❶ e스포츠 시대가 보여준 가능성은 무엇이 있을까?

❷ e스포츠 교육은 왜 혁신적인가?

❸ e스포츠는 어떤 직업을 만들 수 있을까?

❹ 한국은 e스포츠 강국 또는 주도국이 될 수 있을까?

❺ 100년 후 e스포츠 세대는 어떤 모습일까?

읽을거리, 볼거리

❶ Esports in higher education – the perfect landscape | Michael Aguilar | TEDxOU

❷ What it's like to be a college esports player | The Washington Post

❸ High School Esports

❹ Esports in Education

❺ Esports Education in Finland with Karl Ögland (ep 21)

❶ ❷ ❸ ❹ ❺

참고자료

박성훈. 9월 중국 항저우 아시안게임 연기. 중앙일보. 2022.05.07
우은정. 미국, e스포츠의 성장에 주목하다. 트렌드. KOTRA. 2019.11.27
최은경. [최은경의 시선] e스포츠가 보여준 4차 산업혁명의 미래. 데일리e스포츠. 2020.09.11
최은경. [최은경의 시선] 좋아하는 e스포츠, 직업이 되다. 데일리e스포츠. 2020.10.29
최은경. [최은경의 e스포츠3] 항저우 아시안게임, '주최국 유리' 불공정 감시해야. 한경닷컴 게임톡. 2022.04.13
최은경. [최은경의 e스포츠] 호랑이띠해 e스포츠를 위해 필요한 것들. 한경닷컴 게임톡. 2022.01.24
최은경. 2020. e스포츠의 대학 교육 필요성과 정당성에 관한 연구. 스포츠와법, 23(3) 191-211쪽.
Quaresma. "[e스포츠] 국내외 e스포츠(e-Sports) 산업 현황 조사 및 사업 방안", 2020.05.17

메모하기

메모하기

메모하기